**샤인모어와 함께 뜨는
몽글몽글
뜨개 소품 다이어리**

샤인모어와 함께 뜨는
몽글몽글 뜨개 소품 다이어리

2025년 6월 20일 1판 1쇄 인쇄
2025년 6월 25일 1판 1쇄 발행

지은이 샤인모어
펴낸이 이상훈
펴낸곳 책밥
주소 11901 경기도 구리시 갈매중앙로 190 휴밸나인 A-6001호
전화 번호 031-529-6707
팩스 번호 031-571-6702
홈페이지 www.bookisbab.co.kr
등록 2007.1.31. 제313-2007-126호

기획 윤정아
진행 김효정
디자인 디자인허브

ISBN 979-11-93049-67-9(13590)
정가 18,000원

ⓒ 샤인모어, 2025

이 책은 저작권법에 따라 보호받는 저작물이므로 무단전재와 무단복제를 금합니다.
이 책 내용의 전부 또는 일부를 사용하려면 반드시 저작권자와 출판사에 동의를 받아야 합니다.
잘못 만들어진 책은 구입하신 서점에서 바꿔드립니다.

책밥은 (주)오렌지페이퍼의 출판 브랜드입니다.

키치하고 귀여운 소품이 가득! 코바늘 뜨개 32

샤인모어와 함께 뜨는
몽글몽글 뜨개 소품 다이어리

샤인모어 지음

책밥

Prologue

만나서 반가워요! 작고 귀여운 것들을 뜨는 뜨개 작가 샤인모어입니다. 이렇게 첫인사를 전할 수 있어 기뻐요.

귀여운 뜨개를 좋아하던 제가 귀여운 뜨개 책을 내게 되다니…. 정말 꿈만 같아요! 처음 뜨개를 시작하던 때가 생각납니다. 어떤 실을 골라서 떠야 할지, 제 수준에 맞는 도안을 선택하는 일까지 쉬운 일이 하나도 없었어요.

뜨개를 하다 보면 뜨는 시간보다 푸는 시간이 더 많은 날도 있을 거예요. 하지만 엇갈린 실을 살살 풀어 다시 엮으면 순식간에 귀여운 작품이 만들어진답니다. 조금 실수해도 '그래도 귀여우니까 괜찮아. 다시 뜨자!'라고 생각하며 느릿느릿 코바늘을 잡는 여러분을 응원할게요!

지금 이 순간만큼은 시상식 무대 위에 오른 배우처럼 감사한 분들의 얼굴이 머릿속에 떠오릅니다. 먼저, 이 책이 나오기까지 저와 함께 해주신 김효정 편집자님, 오랫동안 나를 들여다봐 준 친구들, 어딘가 엉성한 저의 뜨개도 귀엽게 봐주신 모든 분께 감사드립니다. 그리고 삐뚤삐뚤 걸어가더라도 포기하지 않는 저에게도 고마운 마음을 전합니다!

느릿느릿 코바늘로 귀여운 작품을 완성하는 그날,
우린 또 만나요!

귀여운 뜨개를 사랑하는 마음을 가득 담아
샤인모어 드림

Contents

프롤로그 4
무해한 뜨개 교실
- 준비물 8
- 도안 읽는 법 10
- 뜨개 소품 기초 설명 11

1

귀여운 동물 뜨개

나비 키링 26 / 고양이 배지 30 / 너구리 배지 34 / 토끼 배지 38 / 앵무새 배지 42 / 펭귄 배지 46 / 물고기 키링 50 / 해파리 키링 54 / 해달 키링 58 / 강아지 파우치 64 / 햄스터 파우치 70 / 판다 핸드타월 장식 76 / 코뿔소 티코스터 80 / 카피바라 트레이 84

2
아기자기 음식 뜨개

당고 키링 94 / 메론빵 키링 98 / 카마보코 키링 102 / 삼각김밥 키링 106 / 나루토마키 키링 110 / 식빵 티코스터 112 / 풋사과 티코스터 116 / 나루토마키 소품함 120 / 붕어빵 소품함 124 / 멜론 소다 파우치 128 / 딸기 바구니 134

3
청량한 계절 뜨개

알 키링 142 / 행운 부적 키링 144 / 조개 키링 148 / 날씨 인형 키링 150 / 후우링 키링 154 / 물컵 티코스터 158 / 파도 티코스터 164

―― Basic ――

무해한 뜨개 수업

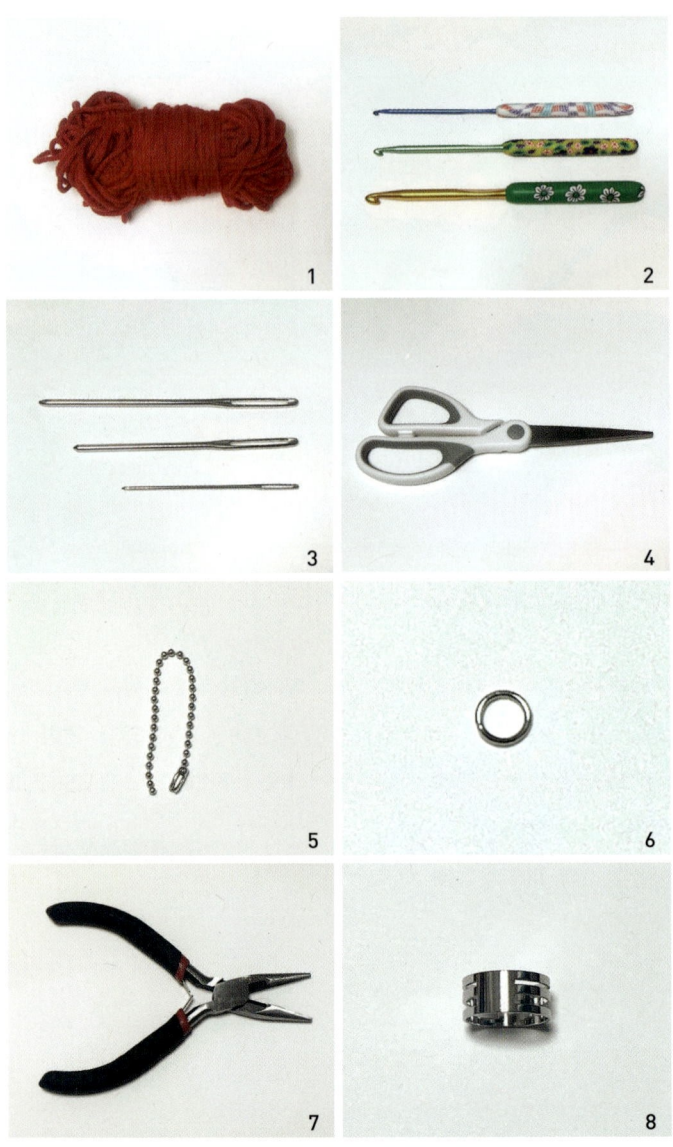

준비물

1 해피코튼 실 : 작품에 사용된 대부분의 실은 해피코튼 실입니다. 아기자기한 소품을 뜨기에 적합한 실이에요. 코튼 60%, 아크릴 28%, 레이온 12%로 2mm 두께의 실입니다.

2 코바늘 : 코바늘은 레이스 코바늘과 모사용 코바늘로 나뉩니다. 책의 작품들은 모두 모사용 코바늘로 작업했습니다.

3 돗바늘 : 편물 연결 및 자수를 놓을 때 쓰는 바늘입니다. 실 두께에 맞는 돗바늘을 여러 개 준비해 주세요.

4 가위 : 편물을 자르기 위한 도구입니다. 실을 자를 때 사용합니다.

5 군번줄 : 키링을 만들기 위한 줄입니다.

6 오링 : 군번줄을 연결할 때 쓰는 고리입니다.

7 평집게 : 오링을 벌리기 위해 사용하는 집게입니다.

8 오링 반지 : 오링을 열고 닫는 작업을 도와주는 반지입니다.

도안 읽는 법

책에는 글로 적힌 서술 도안과 기호로 적힌 기호 도안이 수록되어 있습니다. 두 개의 도안을 참고해 작품을 만들어 주세요!

서술 도안

(예시) 1단 : (연노란색 실) 매직링, 사슬뜨기 3개(기둥코), 한길긴뜨기 2개, 사슬뜨기 3개, (한길긴뜨기 3개, 사슬뜨기 3개) *3번 반복, 빼뜨기

단 설명을 시작할 때 사용되는 실의 색상을 괄호로 표시하였습니다. 괄호와 반복 표시에 주의하며 순서대로 편물을 뜹니다. 단의 기준이 되는 기둥코는 기법 뒤에 괄호로 표시하였습니다. '*3번 반복'은 앞선 괄호 안의 기법들을 3번 반복하라는 의미입니다. 대부분의 단은 빼뜨기로 편물을 마무리하기 때문에 단 설명 끝에 빼뜨기 기법이 있는 것을 확인할 수 있습니다.

기호 도안

(예시) 삼각김밥 키링 김 기호 도안

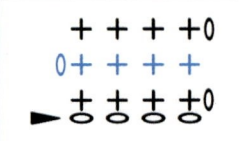

검은색 삼각형 : 시작점과 진행 방향을 나타내는 표시입니다. 예시 도안처럼 모든 기호가 왼쪽에서 시작하지는 않습니다. 서술 도안과 기호 도안을 잘 확인하며 떠주세요.

파란색 표시 : 단이 바뀜을 나타냅니다. 단 구분과 별개로 빼뜨기 기호는 검은색으로 표시했으니 주의해 주세요.

뜨개 소품 기초 설명

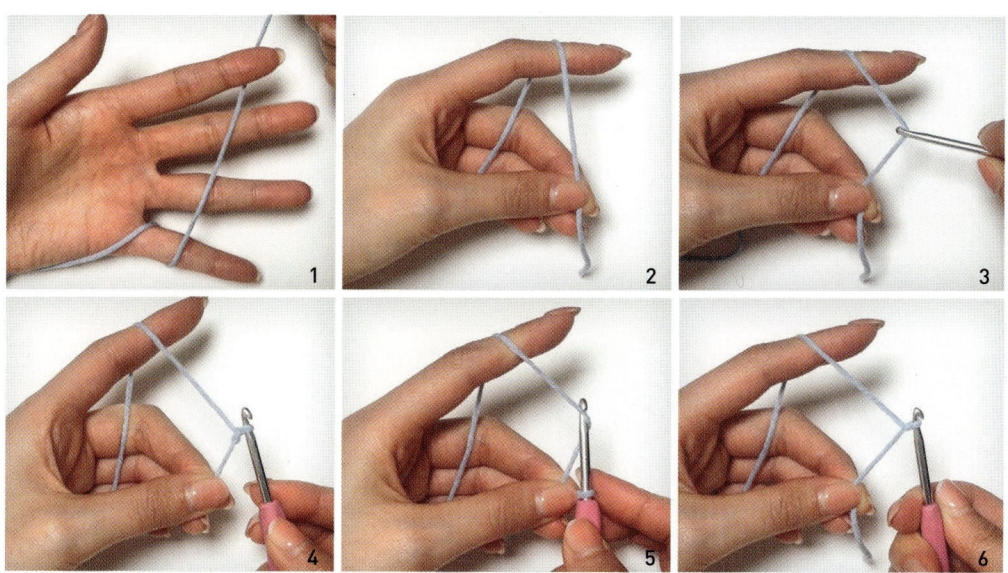

실 잡는 방법

1. 왼손 새끼손가락에 실을 2번 감습니다. 이때 실이 손바닥을 향하도록 정리해 주세요.
2. 실을 검지에 걸어줍니다. 엄지과 중지로 실을 잡아주세요.
3. 코바늘 후크에 실을 걸어줍니다.
4. 코바늘을 회전해 실을 꼬아줍니다.
5. 코바늘에 실을 한 번 걸어줍니다. 후크로 실을 끌고 4에서 만든 구멍을 통과합니다.
6. 매듭이 하나 완성됩니다.

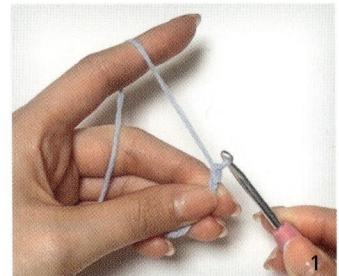 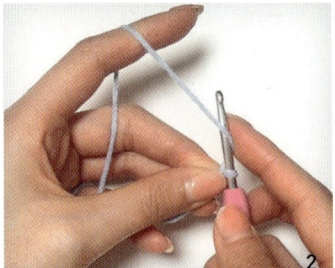 

사슬뜨기

O

1 코바늘에 실을 한 번 걸어줍니다.
2 코바늘 후크로 실을 끌고 매듭의 구멍을 통과합니다.
3 1~2의 과정을 반복해 원하는 길이만큼 사슬을 만듭니다.

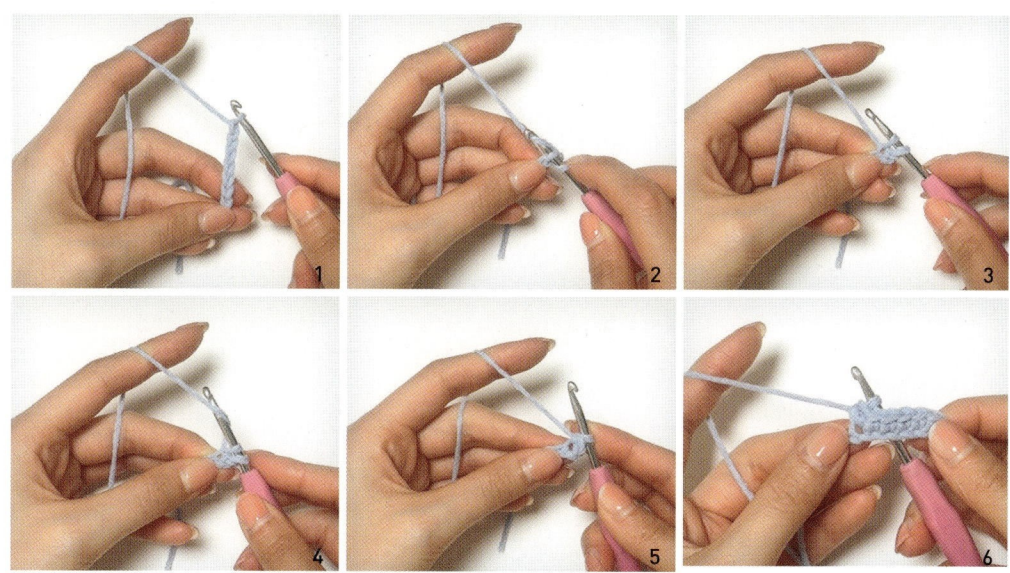

짧은뜨기

1. 원하는 길이만큼 사슬뜨기를 뜬 후 사슬뜨기 1개를 추가로 뜹니다. 이때 마지막에 뜬 사슬뜨기 1개는 짧은뜨기의 기둥코가 됩니다.
2. 기둥코를 제외한 마지막 사슬에 코바늘을 찔러 넣습니다.
3. 코바늘 후크로 실을 끌고 구멍을 통과합니다. 이때 코바늘에는 실이 2줄 걸려있어요.
4. 코바늘에 실을 한 번 걸어줍니다.
5. 코바늘 후크로 실을 끌고 2줄을 모두 통과합니다.
6. **2~5**의 과정을 반복하며 짧은뜨기 편물을 만듭니다.

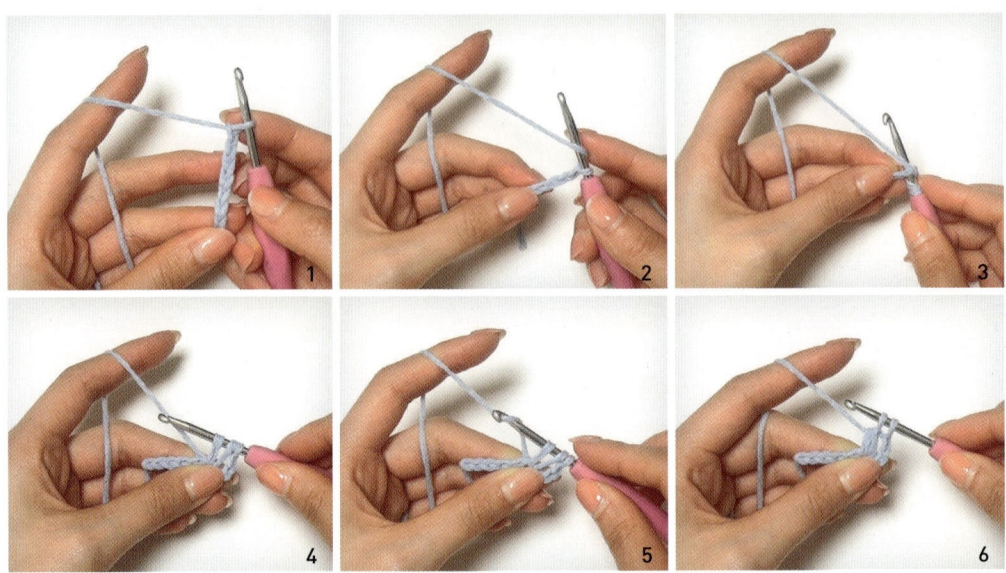

한길긴뜨기

T

1. 원하는 길이만큼 사슬뜨기를 뜬 후 사슬뜨기 3개를 떠줍니다. 이때 마지막에 뜬 사슬뜨기 3개는 한길긴뜨기의 기둥코입니다.
2. 코바늘에 실을 한 번 걸어줍니다.
3. 코바늘에 실을 건 채로 기둥코를 제외한 마지막 사슬에 코바늘을 찔러 넣습니다.
4. 코바늘 후크로 실을 끌고 구멍을 통과합니다. 이때 코바늘에는 실이 3줄 걸려있어요.
5. 코바늘에 실을 한 번 걸어줍니다.
6. 코바늘 후크로 실을 끌고 앞의 2줄을 먼저 통과합니다.

7 　코바늘에 실을 한 번 걸어줍니다.

8 　코바늘 후크로 실을 끌고 나머지 2줄을 통과합니다.

9 　**2~8**의 과정을 반복하며 한길긴뜨기 편물을 만듭니다.

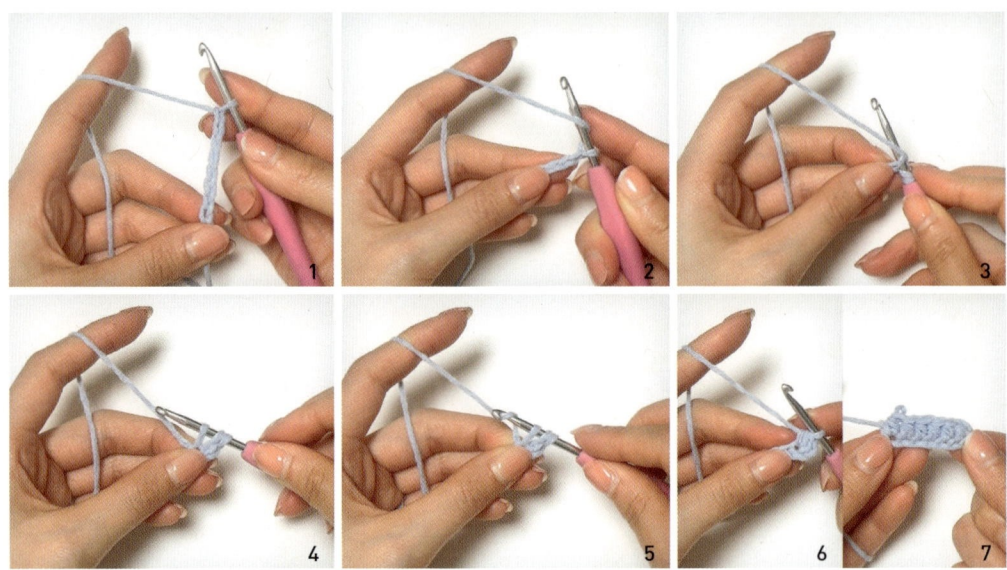

긴뜨기

T

1 원하는 길이만큼 사슬뜨기를 뜬 후 사슬뜨기 2개를 뜹니다. 이때 마지막에 뜬 사슬뜨기 2개는 긴뜨기의 기둥코입니다.

2 코바늘에 실을 한 번 걸어줍니다.

3 코바늘에 실을 건 채로 기둥코를 제외한 마지막 사슬에 코바늘을 찔러 넣습니다.

4 코바늘 후크로 실을 끌고 구멍을 통과합니다. 이때 코바늘에는 실이 3줄 걸려있어요.

5 코바늘에 실을 한 번 걸어줍니다.

6 코바늘 후크로 실을 끌고 3줄을 모두 통과합니다.

7 **2~6**의 과정을 반복하며 긴뜨기 편물을 만듭니다.

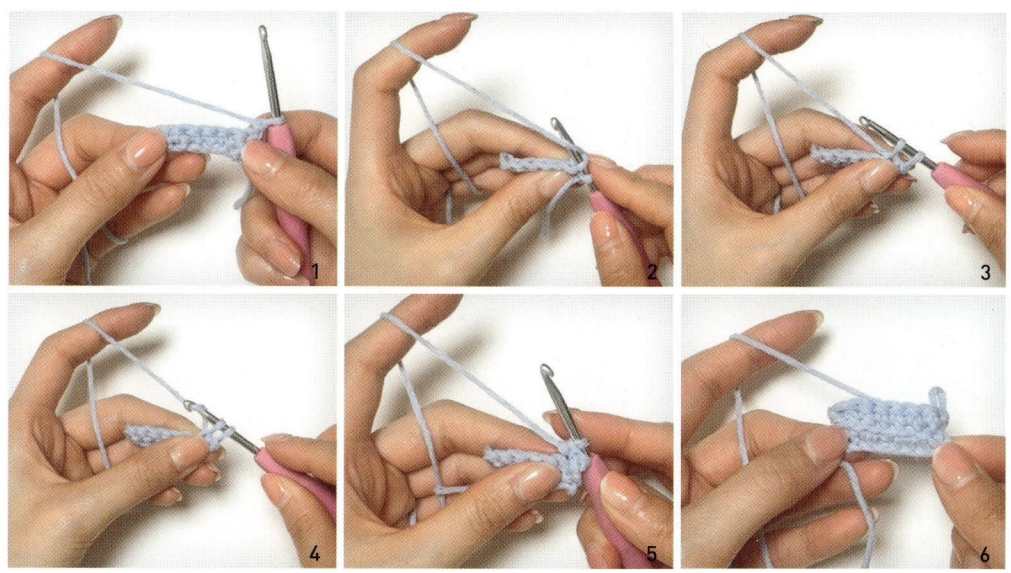

짧은뜨기 이랑뜨기

✝

1. 원하는 길이의 짧은뜨기 1단 편물을 만듭니다. 그리고 기둥코가 되어줄 사슬뜨기 1개를 뜬 후 편물을 뒷면으로 돌려주세요.
2. 사슬뜨기 V 모양 사이에 코바늘을 찔러 넣습니다.
3. 코바늘 후크로 실을 끌고 구멍을 통과합니다. 이때 코바늘에는 실이 2줄 걸려있어요.
4. 코바늘에 실을 한 번 걸어줍니다.
5. 코바늘 후크로 실을 끌고 2줄을 모두 통과합니다.
6. **2~5의 과정을 반복**하며 이랑뜨기 편물을 만듭니다.

✽ 짧은뜨기 기법을 긴뜨기, 한길긴뜨기 등으로 바꿔 진행하면 각각 긴뜨기 이랑뜨기, 한길긴뜨기 이랑뜨기가 됩니다.

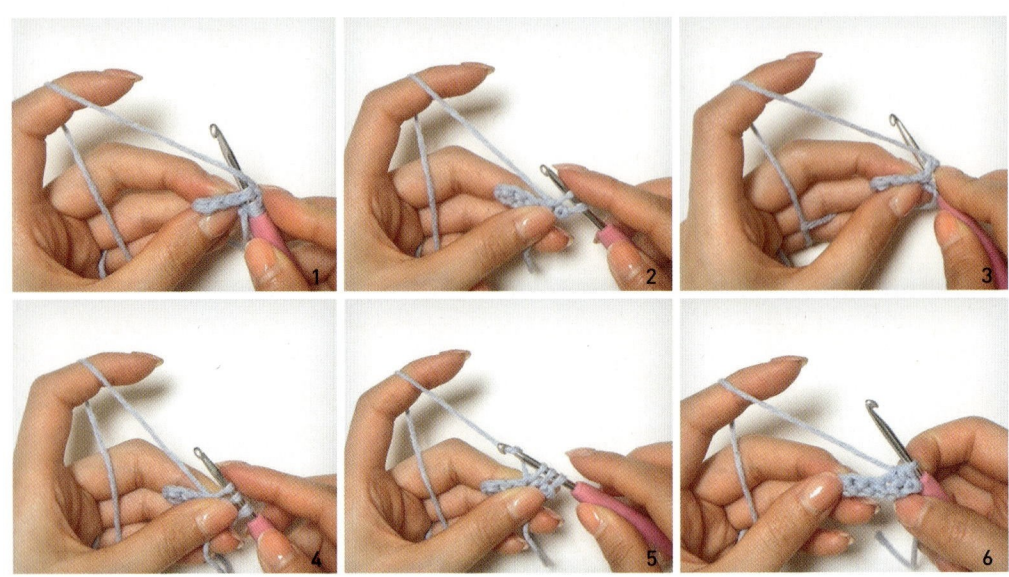

짧은뜨기 2코 모아뜨기

1 첫 코에 코바늘을 찔러 넣습니다.
2 코바늘 후크로 실을 끌고 구멍을 통과합니다. 이때 코바늘에는 실이 2줄 걸려있어요.
3 옆 코에 코바늘을 찔러 넣습니다.
4 코바늘 후크로 실을 끌고 구멍을 통과합니다. 이때 코바늘에는 실이 3줄 걸려있어요.
5 코바늘에 실을 한 번 걸어줍니다.
6 코바늘 후크로 실을 끌고 3줄 모두 통과합니다.

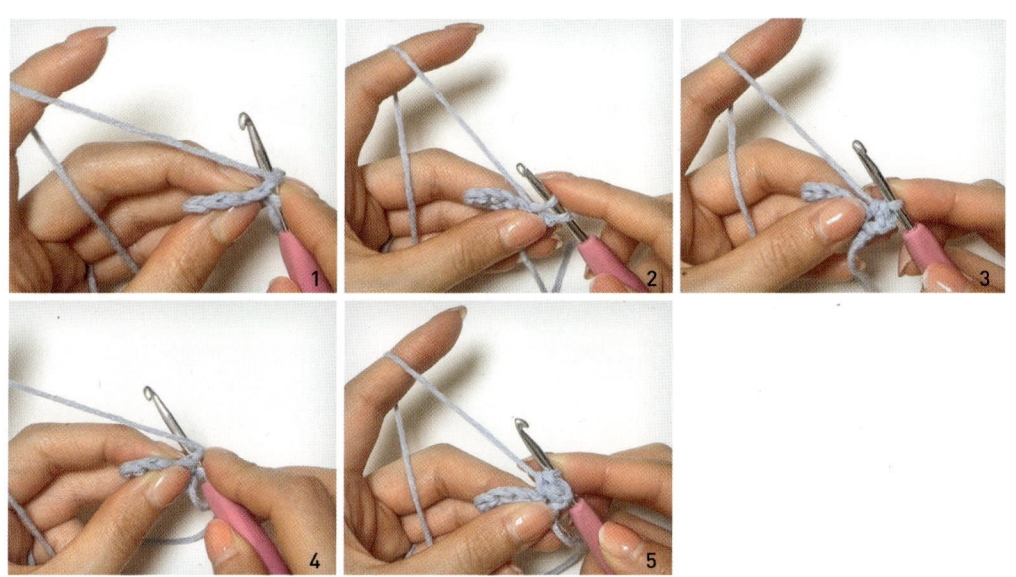

짧은뜨기 2코 늘려뜨기

1 첫 코에 코바늘을 찔러 넣습니다.

2 코바늘 후크로 실을 끌고 구멍을 통과합니다. 이때 코바늘에는 실이 2줄 걸려있어요.

3 코바늘 후크로 실을 끌고 첫 코의 구멍을 통과합니다. 짧은뜨기 방법과 동일해요.

4 같은 코에 코바늘을 찔러 넣습니다.

5 짧은뜨기 1개를 뜹니다. 한 코에 짧은뜨기 2개가 되어 있어요.

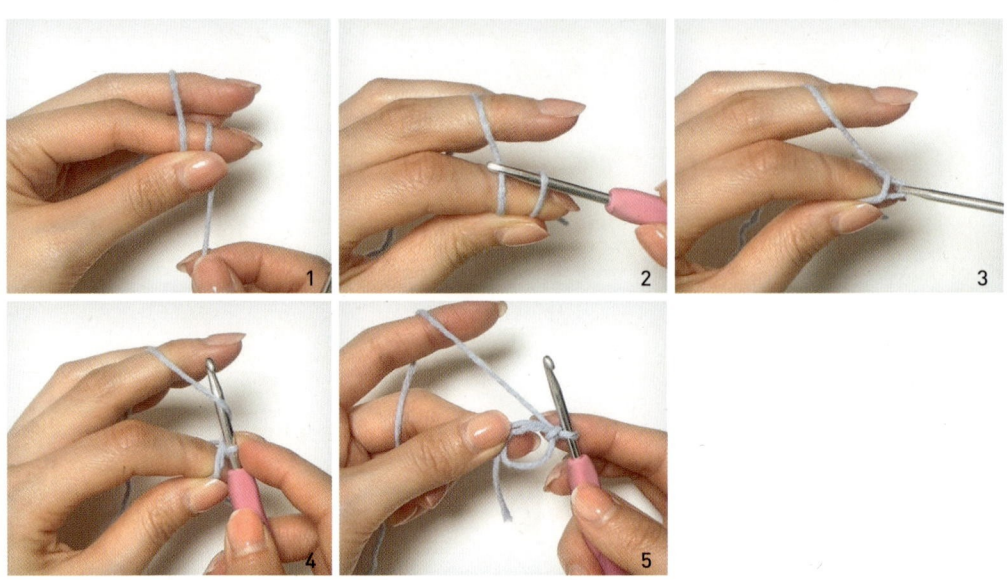

원형뜨기

시작하기

1. 왼손 검지손가락에 실을 2번 감아줍니다. 이때 엄지로 실을 고정해 주세요.
2. 코바늘 후크에 실을 걸어줍니다.
3. 코바늘 후크로 첫 번째 감아준 실을 지나쳐 끌고 옵니다. 이때 코바늘을 회전해 실을 꼬아줍니다.
4. 코바늘에 실을 한 번 걸어줍니다.
5. 코바늘 후크로 실을 끌고 구멍을 통과합니다. 원형뜨기의 중심 구멍이 만들어졌습니다.

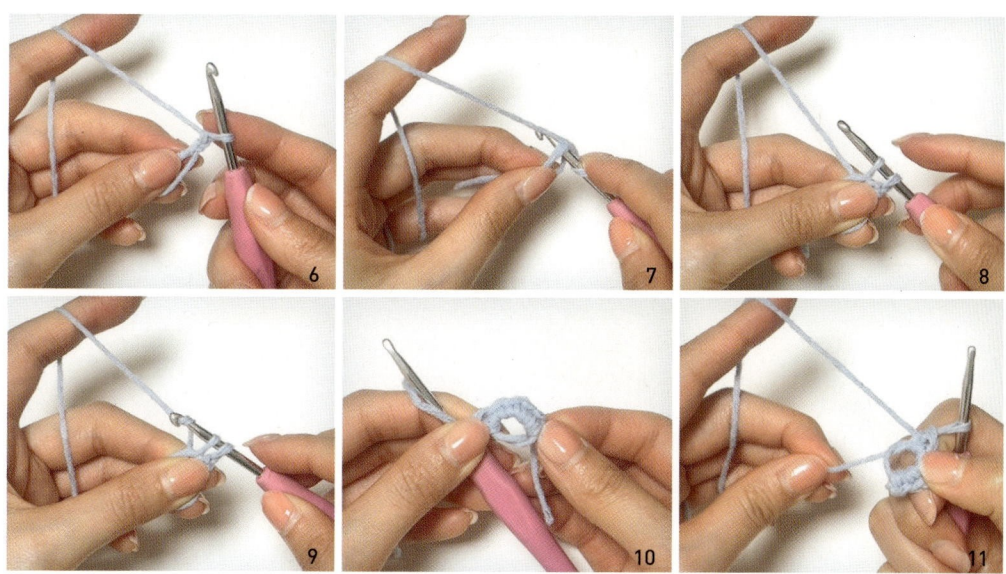

1단 뜨기

6 사슬뜨기 1개를 떠줍니다. 이때 뜬 사슬뜨기는 짧은뜨기의 기둥코입니다.

7 중심 구멍에 코바늘을 찔러 넣습니다.

8 코바늘 후크로 실을 끌고 중심 구멍을 통과합니다. 이때 바늘에는 실이 2줄 걸려있어요.

9 코바늘 후크로 실을 끌고 2줄을 한꺼번에 통과합니다.

10 7~9의 과정을 반복하며 짧은뜨기를 5번 진행합니다.

11 꼬리실을 당겨 중심 구멍을 줄여줍니다.

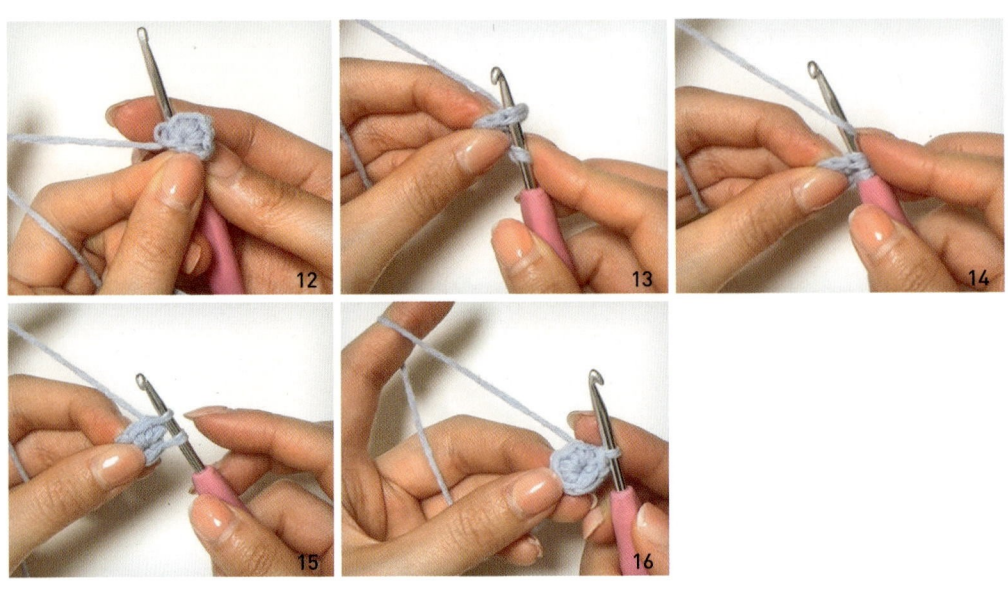

12 중심 구멍이 완전히 줄어든 모습입니다.

13 짧은뜨기의 첫 코를 찾아 코바늘을 찔러 넣습니다.

14 코바늘에 실을 한 번 걸어줍니다.

15 코바늘 후크로 실을 끌고 첫 코의 구멍을 통과시킵니다. 이때 코바늘에는 실이 2줄 걸려있어요.

16 빼뜨기로 마무리합니다.

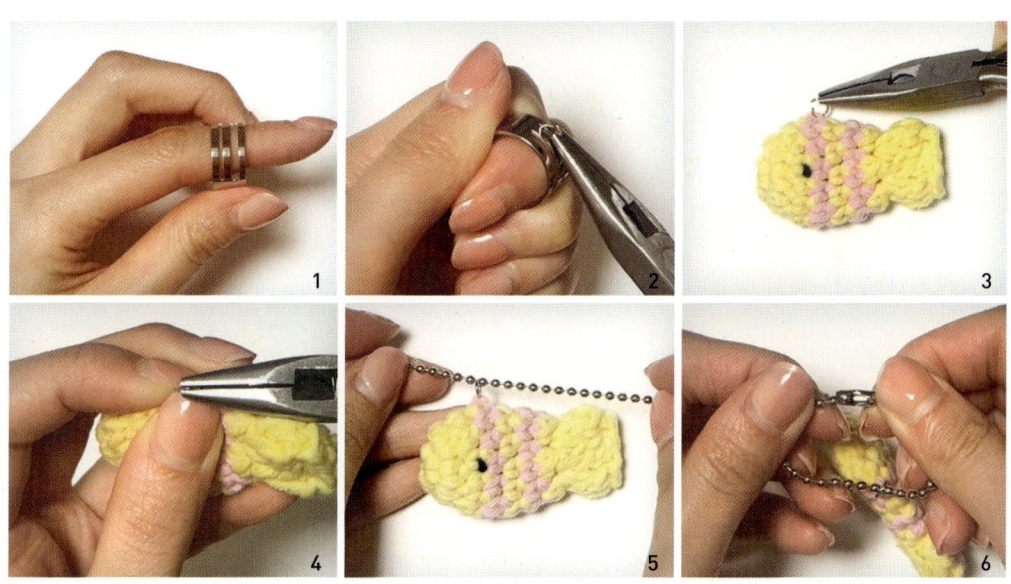

키링 만들기

1 오링 반지를 손가락에 끼웁니다.
2 오링을 반지 틈에 넣고 구부려줍니다.
3 편물에 오링을 연결합니다.
4 평집게로 오링을 오므려줍니다.
5 오링에 군번줄을 통과시킵니다.
6 체인을 고리에 끼워 잠가주세요.

1

귀여운
동물 뜨개

시선이 사랑스러운 사람을 좋아합니다. 동물의 마음을 궁금해하는 사람은 언제나 작은 것에도 귀를 기울이는 사람인 것 같아요. 머릿속이 온통 걱정으로 뒤덮일 정도로 큰 고민도 동물 친구들의 까만 눈동자를 보면 어느새 작아지는 느낌이 듭니다. 여러분도 저와 함께 동물 친구들의 귀여운 하루를 뜨개로 만들어보아요!

나비 키링

★☆☆☆☆

작품 소개 길을 걷다 우연히 팔랑팔랑 날아다니는 귀여운 나비를 만나면 단조롭던 일상이 동화가 되기도 합니다. 귀여운 나비를 따라 시선이 머물기 마련이죠. 나비와 만난 우연한 순간이 영원하도록 나비 키링을 함께 만들어 보아요!

기본 정보
크기　가로 4cm×세로 5cm
바늘　모사용 코바늘 6호
기법　매직링, 사슬뜨기, 긴뜨기, 한길긴뜨기, 빼뜨기
실　　해피코튼 분홍색(734), 연노란색(762)

도안

만드는 방법

나비 뜨기

1. 서술 도안과 기호 도안을 참고해 나비를 뜹니다.

    (연노란색 실) 매직링, (사슬뜨기 3개, 한길긴뜨기 2개, 사슬뜨기 3개, 빼뜨기), (사슬뜨기 2개, 긴뜨기 1개, 사슬뜨기 2개, 빼뜨기), (사슬뜨기 2개, 긴뜨기 1개, 사슬뜨기 2개, 빼뜨기), (사슬뜨기 3개, 한길긴뜨기 2개, 사슬뜨기 3개, 빼뜨기)

몸통 뜨기

2. 분홍색 실로 사슬뜨기 10개를 떠 나비 몸통을 만듭니다.

연결하기

3. 나비 편물 정중앙에 몸통을 세로로 둘러주세요.
4. 첫 코에 빼뜨기합니다.

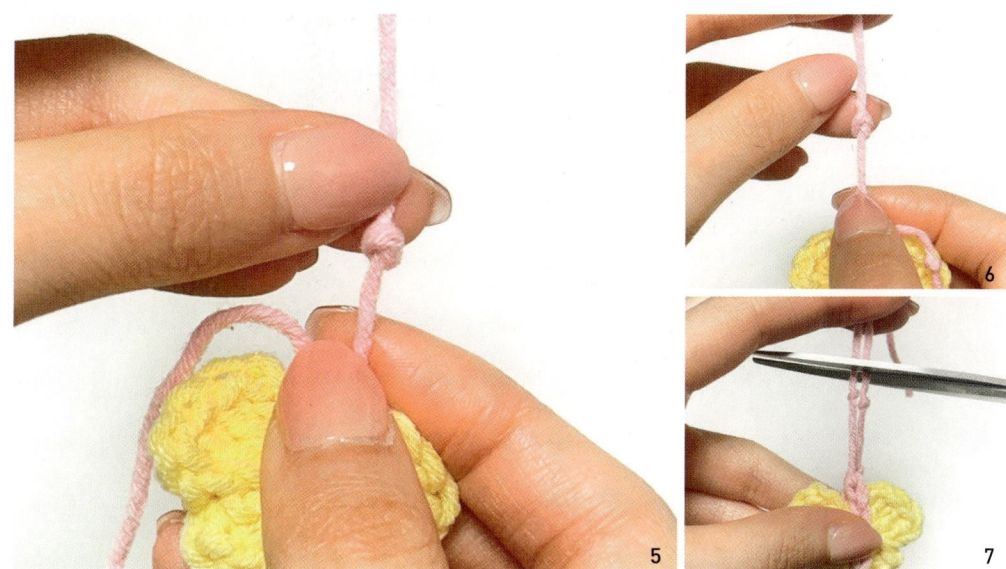

더듬이 만들기

5 오른쪽 분홍색 실을 묶습니다.

6 왼쪽 분홍색 실을 묶습니다.

7 길게 남은 실을 가위로 정리합니다.

고양이 배지

★☆☆☆☆

| 작품 소개 | 동네를 산책할 때면 늘 고양이를 만나요. 가끔은 삼색 고양이를 만나기도 하는데 그럴 때면 마음이 지친 어느 날 보면 좋을 것 같아 재빨리 사진을 찍어둡니다. 여러분의 핸드폰 사진 앨범에도 귀여운 고양이 사진이 있나요? 힘든 날 우리를 응원해줄 귀여운 고양이 배지를 함께 만들어보아요!

기본 정보

크기	가로 5cm×세로 2.5cm
바늘	모사용 코바늘 6호
기법	매직링, 사슬뜨기, 짧은뜨기, 한길긴뜨기, 빼뜨기
실	해피코튼 흰색(701), 검은색(742)

도안

얼굴   귀

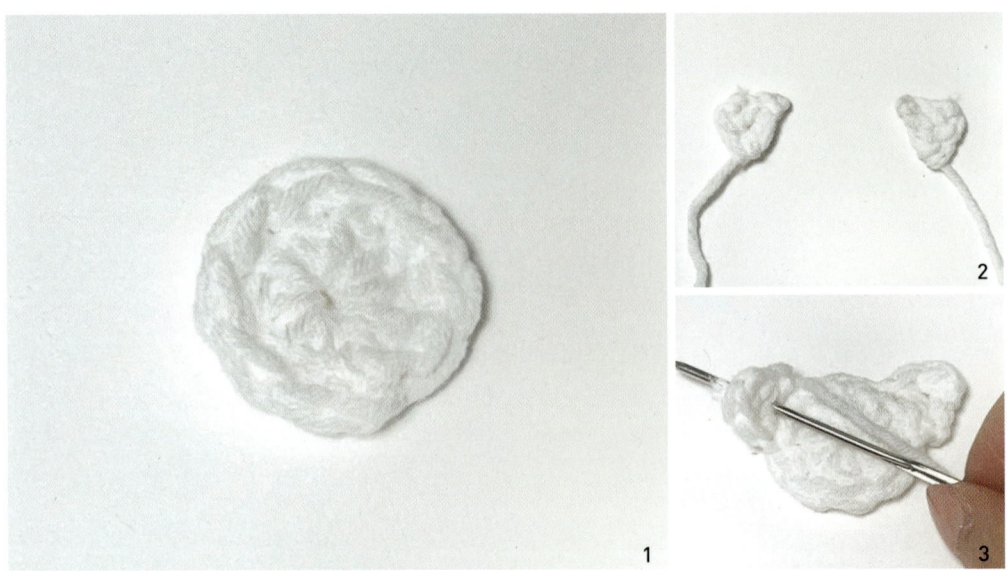

만드는 방법

얼굴 뜨기

1. 서술 도안과 기호 도안을 참고해 얼굴을 뜹니다.

   1단 : (흰색 실) 매직링, 사슬뜨기 3개(기둥코), 한길긴뜨기 10개, 빼뜨기

귀 뜨기

2. 서술 도안과 기호 도안을 참고해 귀 2개를 뜹니다.

   1단 : (흰색 실) 사슬뜨기 2개, 사슬뜨기 1개(기둥코), 짧은뜨기 1개, 한길긴뜨기 1개

연결하기

3. 돗바늘을 사용해 얼굴과 귀를 연결한 후 매듭을 짓고 실을 가위로 정리합니다.

4

눈과 코 모양 자수 놓기

4 돗바늘을 사용해 검은색 실로 고양이의 눈과 코를 표현합니다.
5 매듭을 지은 후 남은 실을 가위로 정리합니다.

너구리 배지

★☆☆☆☆

작품 소개 눈도 얼굴도 동글동글한 너구리. 마치 안경을 낀 듯한 무늬가 너무 귀여워요. 언제나 느긋하고 포근한 너구리를 닮은 귀여운 배지를 함께 만들어보아요!

기본 정보
크기 가로 3cm×세로 3cm
바늘 모사용 코바늘 6호
기법 매직링, 사슬뜨기, 짧은뜨기, 짧은뜨기 2코 늘려뜨기, 한길긴뜨기, 빼뜨기
실 해피코튼 갈색(711), 연갈색(730), 검은색(742)

도안 얼굴 무늬

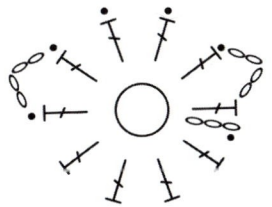

만드는 방법

얼굴 뜨기

1 서술 도안과 기호 도안을 참고해 얼굴을 뜹니다.

   1단 : (연갈색 실) 매직링, 사슬뜨기 3개(기둥코), 한길긴뜨기 10개, 빼뜨기

   2단 : 사슬뜨기 4개, 빼뜨기 4개, 사슬뜨기 4개, 빼뜨기

무늬 뜨기

2 서술 도안과 기호 도안을 참고해 얼굴 무늬를 뜹니다.

   1단 : (갈색 실) 사슬뜨기 4개, 사슬뜨기 1개(기둥코), 짧은뜨기 2코 늘려뜨기, 짧은뜨기 2개, 짧은뜨기 2코 늘려뜨기

연결하기

3 돗바늘을 사용해 얼굴과 무늬를 연결한 후 매듭을 짓고 남은 실을 가위로 정리합니다.

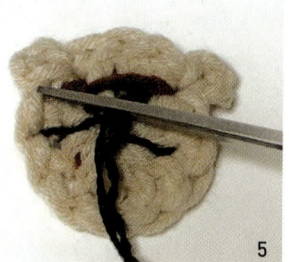

눈과 코 모양 자수 놓기

4 돗바늘을 사용해 검은색 실로 너구리의 눈과 코를 표현합니다.

5 단단하게 매듭을 지은 후 남은 실을 가위로 자릅니다.

토끼 배지

★★☆☆☆

저는 토끼를 너무 좋아하는데 좋은 이유가 너무 많아 전부 나열하기 어려울 정도예요. 하얗고 보드라운 털을 보고 있으면 마음이 포근해지고 까맣고 동그란 눈이 너무 귀여워요! 복슬복슬한 토끼가 생각나는 귀여운 토끼 배지를 함께 만들어보아요.

기본 정보

크기   가로 3cm×세로 5cm
바늘   모사용 코바늘 6호
기법   매직링, 사슬뜨기, 짧은뜨기, 한길긴뜨기, 빼뜨기
실   해피코튼 흰색(701), 검은색(742)

도안

얼굴   귀

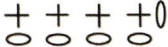

만드는 방법

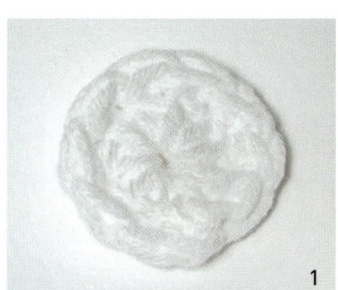
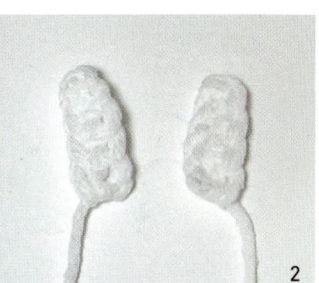

얼굴 뜨기

1 서술 도안과 기호 도안을 참고해 얼굴을 뜹니다.

    1단 : (흰색 실) 매직링, 사슬뜨기 3개(기둥코), 한길긴뜨기 10개, 빼뜨기

귀 뜨기

2 서술 도안과 기호 도안을 참고해 귀 2개를 뜹니다.

    1단 : (흰색 실) 사슬뜨기 4개, 사슬뜨기 1개(기둥코), 짧은뜨기 4개

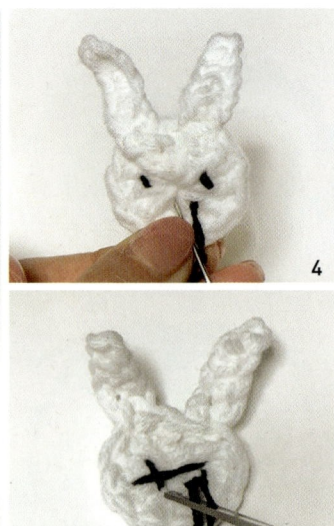

연결하기

3 돗바늘을 사용해 얼굴과 귀를 연결한 후 매듭을 짓고 길게 남은 실을 가위로 정리합니다.

눈과 코 모양 자수 놓기

4 돗바늘을 사용해 검은색 실로 토끼의 눈과 코를 표현합니다.

5 실이 풀리지 않도록 매듭을 지은 후 길게 남은 실을 가위로 자릅니다.

앵무새 배지

★★☆☆☆

작품 소개 맨약 여러분이 앵무새를 키운다면 가장 먼저 알려주고 싶은 말이 무엇인가요? 아무리 들어도 질리지 않을 것 같은 예쁜 말을 떠올리며 앵무새 배지를 함께 만들어보아요!

기본 정보
- 크기 가로 3cm×세로 4cm
- 바늘 모사용 코바늘 6호
- 기법 매직링, 사슬뜨기, 짧은뜨기, 한길긴뜨기, 빼뜨기
- 실 해피코튼 회색(713), 빨간색(726), 분홍색(734), 검은색(742), 연노란색(762)

도안

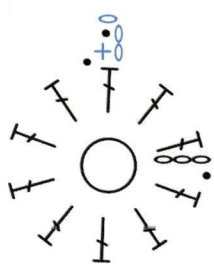

만드는 방법

얼굴 뜨기

1 서술 도안과 기호 도안을 참고해 앵무새 얼굴을 뜹니다.

   1단 : (연노란색 실) 매직링, 사슬뜨기 3개(기둥코), 한길긴뜨기 5개, (회색 실) 한길긴뜨기 5개, 빼뜨기

   2단 : (연노란색 실, 1단 3번째 코에서 시작) 사슬뜨기 2개, 사슬뜨기 1개(기둥코), 빼뜨기 1개, 짧은뜨기 1개, 빼뜨기

자수 놓기

2 돗바늘을 사용해 빨간색 실로 앵무새의 볼을 표현합니다.

3 분홍색 실로 앵무새의 부리를 표현합니다.

4 검은색 실로 앵무새의 눈을 표현합니다.

5 실을 단단히 매듭지은 후 남은 실을 가위로 정리합니다.

펭귄 배지

★★☆☆☆

작품 소개 뒤뚱뒤뚱 걷는 펭귄의 걸음걸이만 봐도 저절로 웃음이 나죠. 하지만 펭귄은 귀여움 속에 강인함을 가지고 있습니다. 배가 고픈 펭귄들은 바다에 먹이가 있어도 언제 나타날지 모를 천적 때문에 뛰어드는 걸 망설여요. 이때 가장 먼저 용감하게 바다로 뛰어드는 펭귄을 퍼스트 펭귄이라고 부른답니다. 여러분도 두려움을 이겨내고 도전하고 싶은 뭔가가 있나요? 여러분을 응원하는 펭귄 배지를 보며 용기 내어 도전해 보세요!

기본 정보
크기   가로 5cm×세로 5.5cm
바늘   모사용 코바늘 6호
기법   사슬뜨기, 짧은뜨기, 짧은뜨기 2코 늘려뜨기, 빼뜨기
실   해피코튼 흰색(701), 노란색(735), 검은색(742)

도안

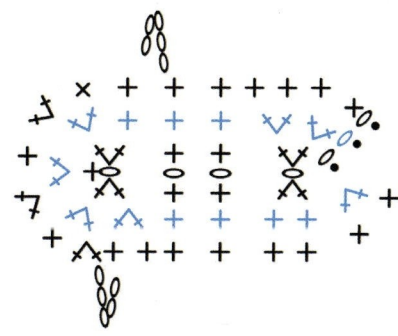

만드는 방법

펭귄 뜨기

1 서술 도안과 기호 도안을 참고해 펭귄을 뜹니다.

1단 : (흰색 실) 사슬뜨기 4개, 사슬뜨기 1개(기둥코), 짧은뜨기 2코 늘려뜨기, 짧은뜨기 2개, 짧은뜨기 5코 늘려뜨기, 짧은뜨기 2개, 짧은뜨기 2코 늘려뜨기, 빼뜨기

2단 : 사슬뜨기 1개(기둥코), 짧은뜨기 2코 늘려뜨기 *2번 반복, 짧은뜨기 3개, 짧은뜨기 2코 늘려뜨기 *4번 반복, 짧은뜨기 4개, 짧은뜨기 2코 늘려뜨기, 빼뜨기

3단 : (검은색 실) 사슬뜨기 1개(기둥코), 짧은뜨기 6개, 사슬뜨기 5개, 짧은뜨기 1개, (짧은뜨기 1개, 짧은뜨기 2코 늘려뜨기) *3번 반복, 사슬뜨기 5개, 짧은뜨기 8개, 빼뜨기

자수 놓기

2 돗바늘을 사용해 검은색 실로 펭귄의 눈을 표현합니다.

3 노란색 실로 부리를 표현합니다.

4 실을 튼튼하게 묶어준 후 남은 실을 가위로 정리합니다.

물고기 키링

★★☆☆☆

작품 소개	초등학교 앞 문방구에서 파는 물고기를 처음 데려온 날, 투명한 봉지 안에 든 작은 물고기가 귀여워 눈을 뗄 수 없었어요. 하루 종일 뻐끔거리는 물고기를 들여다보고 먹이를 주었지요. 물고기에게 나는 어떻게 보였을까요? 자기보다 큰 제가 무섭지는 않았을까요? 더 넓은 세상에서 헤엄치고 있을 물고기들을 떠올리며 함께 키링을 만들어보아요!

기본 정보	크기	가로 5.5cm×세로 3cm
	바늘	모사용 코바늘 6호
	기법	매직링, 사슬뜨기, 짧은뜨기, 짧은뜨기 2코 모아뜨기, 짧은뜨기 2코 늘려뜨기, 한길긴뜨기, 한길긴뜨기 2코 늘려뜨기, 빼뜨기
	실	해피코튼 분홍색(734), 검은색(742), 연노란색(762)

도안

만드는 방법

물고기 뜨기

1 아래 서술 도안을 참고해 물고기를 뜹니다.

   1단 : (연노란색 실) 매직링, 사슬뜨기 1개(기둥코), 짧은뜨기 5개, 빼뜨기

   2단 : 사슬뜨기 1개(기둥코), 짧은뜨기 2코 늘려뜨기 *5번 반복, 빼뜨기

   3단 : 사슬뜨기 1개(기둥코), 짧은뜨기 10개, 빼뜨기

   4단 : (분홍색 실) 사슬뜨기 1개(기둥코), 짧은뜨기 10개, 빼뜨기

   5단 : (연노란색 실) 사슬뜨기 1개(기둥코), 짧은뜨기 10개, 빼뜨기

   6단 : (분홍색 실) 사슬뜨기 1개(기둥코), 짧은뜨기 10개, 빼뜨기

   7단 : (연노란색 실) 사슬뜨기 1개(기둥코), 짧은뜨기 2코 모아뜨기 *5번 반복, 빼뜨기

   8단 : 사슬뜨기 3개(기둥코), 한길긴뜨기 1개, 한길긴뜨기 2코 늘려뜨기 *4번 반복, 빼뜨기

2 길게 남은 실을 가위로 정리합니다.

눈 모양 자수 놓기

3 돗바늘을 사용해 검은색 실로 물고기의 눈을 표현합니다.

4 실이 풀리지 않도록 단단하게 매듭을 지은 후 길게 남은 실을 가위로 정리합니다.

해파리 키링

★★★☆☆

작품 소개   해파리 키링을 만들며 한동안 해파리 사진을 잔뜩 찾아봤어요. 자세히 들여다보니 모든 해파리가 머리에 네잎클로버 무늬를 가지고 있더라고요! 너무 귀여워서 자주 쳐다보고 싶은 마음에 작업 노트에 '해파리 머리 위엔 네잎클로버가 있구나!' 하고 짧은 감탄을 적어두었답니다. 귀여운 해파리가 더 좋아졌어요.

기본 정보   크기   가로 4cm×세로 6cm
바늘   모사용 코바늘 6호
기법   매직링, 사슬뜨기, 짧은뜨기, 짧은뜨기 2코 모아뜨기, 짧은뜨기 2코 늘려뜨기, 빼뜨기
실   해피코튼 흰색(701), 파란색(737)

도안   머리

만드는 방법

머리 뜨기

1 서술 도안과 기호 도안을 참고해 머리를 뜹니다.

   1단 : (파란색 실) 매직링, 사슬뜨기 1개(기둥코), 사슬뜨기 8개, 빼뜨기

   2단 : 사슬뜨기 1개(기둥코), 짧은뜨기 2코 늘려뜨기 *8번 반복, 빼뜨기

   3~5단 : 사슬뜨기 1개(기둥코), 짧은뜨기 16개, 빼뜨기

   6단 : 사슬뜨기 1개(기둥코), (짧은뜨기 1개, 짧은뜨기 2코 모아뜨기) *5번 반복, 짧은뜨기 1개, 빼뜨기

   10단 : 사슬뜨기 1개(기둥코), 짧은뜨기 2코 모아뜨기 *5번 반복, 짧은뜨기 1개, 빼뜨기

다리 뜨기

2 아래 서술 도안을 참고해 다리 3개를 뜹니다.

   1단 : (파란색 실) 매직링, 사슬뜨기 1개(기둥코), 짧은뜨기 5개, 빼뜨기

   2~4단 : 사슬뜨기 1개(기둥코), 짧은뜨기 5개, 빼뜨기

연결하기

3 돗바늘을 사용해 머리와 다리를 연결합니다.
4 매듭을 지은 후 길게 남은 실을 가위로 정리합니다.

네잎클로버 자수 놓기

5 돗바늘을 사용해 흰색 실로 머리 정중앙에 네잎클로버 무늬를 표현합니다.
6 실이 풀리지 않도록 단단하게 매듭을 지은 후 길게 남은 실을 가위로 정리합니다.

해달 키링

★★★☆☆

작품 소개

해달은 잠을 잘 때 물살에 휩쓸려 가지 않기 위해 친구와 손을 잡고 잔다고 해요. 걱정과 고민으로 잠 못 이루는 날엔 '걱정하지 마, 내가 여기 있어!'라며 손을 내미는 해달을 떠올려 보세요. 그럼 조금 더 편안히 잠들 수 있답니다. 해달 키링을 만들며 골치 아픈 생각들은 흘려보내고 사랑하는 사람과 손 잡았던 따뜻한 순간들을 떠올려 보세요!

기본 정보

크기   가로 5cm×세로 9cm
바늘   모사용 코바늘 6호
기법   매직링, 사슬뜨기, 짧은뜨기, 짧은뜨기 2코 모아뜨기, 긴뜨기, 긴뜨기 2코 늘려뜨기, 한길긴뜨기, 한길긴뜨기 2코 늘려뜨기, 빼뜨기
실   해피코튼 흰색(701), 회색(713), 분홍색(734), 검은색(742)

도안

머리   귀   손

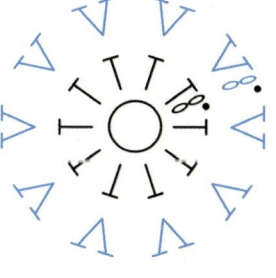 

몸통   조개

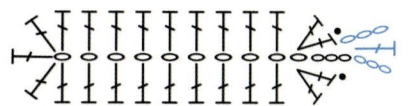 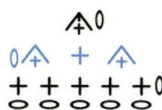

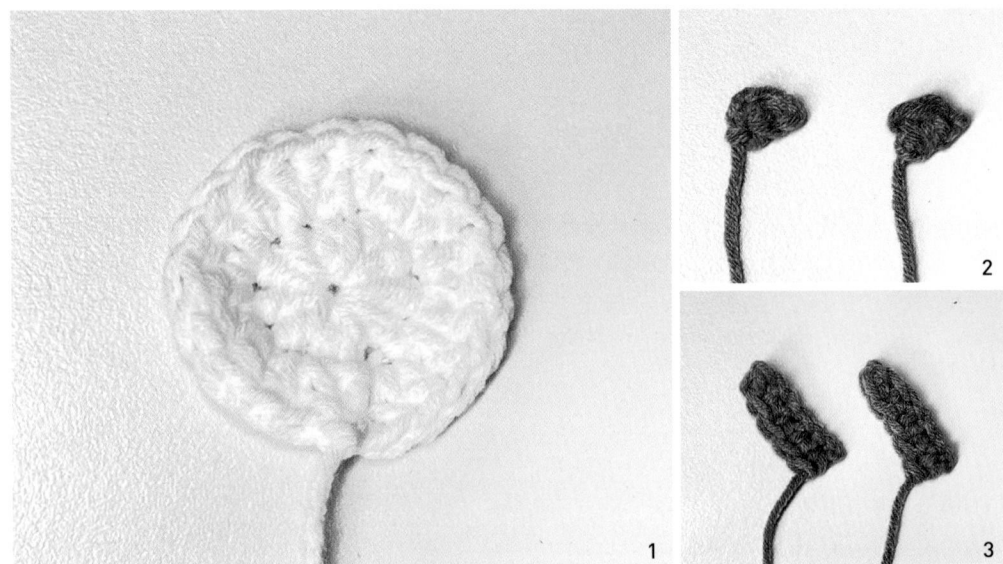

만드는 방법

머리 뜨기

1   서술 도안과 기호 도안을 참고해 머리를 뜹니다.
    1단 : (흰색 실) 매직링, 사슬뜨기 2개(기둥코), 긴뜨기 10개, 빼뜨기
    2단 : 사슬뜨기 2개(기둥코), 긴뜨기 2코 늘려뜨기 *10번 반복, 빼뜨기

귀 뜨기

2   서술 도안과 기호 도안을 참고해 귀 2개를 뜹니다.
    (회색 실) 매직링, 사슬뜨기 1개(기둥코), 짧은뜨기 2개

손 뜨기

3   서술 도안과 기호 도안을 참고해 손 2개를 뜹니다.
    (회색 실) 사슬뜨기 5개, 사슬뜨기 1개(기둥코), 짧은뜨기 5개

몸통 뜨기

4 서술 도안과 기호 도안을 참고해 몸통을 뜹니다.

1단 : (회색 실) 사슬뜨기 10개, 사슬뜨기 3개(기둥코), 한길긴뜨기 2코 늘려뜨기, 한길긴뜨기 8개, 한길긴뜨기 5코 늘려뜨기, 한길긴뜨기 8개, 한길긴뜨기 2코 늘려뜨기, 빼뜨기

2단 : 사슬뜨기 3개(기둥코), 한길긴뜨기 1개, 사슬뜨기 3개, 빼뜨기

조개 뜨기

5 서술 도안과 기호 도안을 참고해 조개를 뜹니다.

1단 : (분홍색 실) 사슬뜨기 5개

2단 : 사슬뜨기 1개(기둥코), 짧은뜨기 5개

3단 : 사슬뜨기 1개(기둥코), 짧은뜨기 2코 모아뜨기, 짧은뜨기 1개, 짧은뜨기 2코 모아뜨기

4단 : 사슬뜨기 1개(기둥코), 짧은뜨기 3코 모아뜨기

머리와 귀 연결하기

6 돗바늘을 사용해 머리와 귀를 연결합니다.

7 단단하게 매듭을 지은 후 길게 남은 실을 가위로 정리합니다.

눈과 코 모양 자수 놓기

8 돗바늘을 사용해 검은색 실로 눈과 코를 표현합니다.

9 매듭을 지은 후 길게 남은 실을 가위로 자릅니다.

머리와 몸통 연결하기

10 돗바늘을 사용해 머리와 몸통을 연결합니다.

11 매듭을 묶고 남은 실을 가위로 정리합니다.

손과 몸통 연결하기

12 돗바늘을 사용해 손과 몸통을 연결합니다.

13 매듭을 지은 후 남은 실을 가위로 정리합니다.

손과 조개 연결하기

14 돗바늘을 사용해 조개를 손에 연결합니다.

15 실이 풀리지 않도록 매듭을 지은 후 남은 실을 가위로 자릅니다.

강아지 파우치

★★★☆☆

작품 소개	언제 어디서든 강아지는 항상 우리를 바라보고 있어요. 그건 자신을 봐주지 않는 우리의 뒷모습마저 사랑해 주는 강아지의 따뜻한 마음이 담겨 있기 때문일 거예요. 나의 시간보다 짧은 강아지의 시간이 조금만 더 천천히 흐르길 바라는 마음으로 강아지 파우치를 만들었습니다.

기본 정보	크기	가로 7.5cm×세로 5cm
	바늘	모사용 코바늘 6호
	기법	매직링, 사슬뜨기, 짧은뜨기, 짧은뜨기 2코 늘려뜨기, 한길긴뜨기, 빼뜨기
	실	해피코튼 갈색(711), 연갈색(730), 노란색(735), 검은색(742)

도안

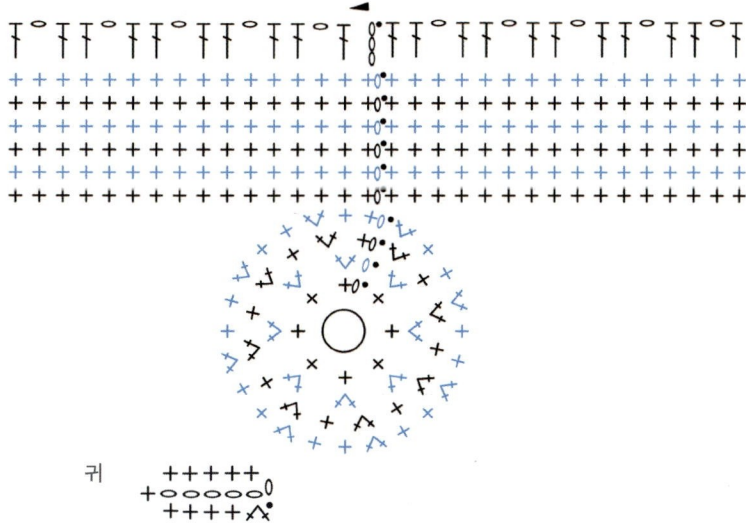

1 1-1

만드는 방법

파우치 뜨기

1 서술 도안과 기호 도안을 참고해 파우치를 뜹니다.

1단 : (연갈색 실) 매직링, 사슬뜨기 1개(기둥코), 짧은뜨기 8개, 빼뜨기

2단 : 사슬뜨기 1개(기둥코), 짧은뜨기 2코 늘려뜨기 *8번 반복, 빼뜨기

3단 : 사슬뜨기 1개(기둥코), (짧은뜨기 1개, 짧은뜨기 2코 늘려뜨기) *8번 반복, 빼뜨기

4단 : 사슬뜨기 1개(기둥코), (짧은뜨기 2개, 짧은뜨기 2코 늘려뜨기) *8번 반복, 빼뜨기

5~10단 : 사슬뜨기 1개(기둥코), 짧은뜨기 32개, 빼뜨기

11단 : 사슬뜨기 3개(기둥코), 한길긴뜨기 1개, 사슬뜨기 1개, (한길긴뜨기 2개, 사슬뜨기 1개) *9번 반복, 한길긴뜨기 2개, 빼뜨기

귀 뜨기

2 서술 도안과 기호 도안을 참고해 귀 2개를 뜹니다.

1단 : (갈색 실) 사슬뜨기 5개

2단 : 사슬뜨기 1개(기둥코), 짧은뜨기 4개, 마지막 코에 짧은뜨기 3코 늘려뜨기, 짧은뜨기 3개, 짧은뜨기 2코 늘려뜨기, 빼뜨기

연결하기

3 귀와 파우치를 겹쳐 잡은 채로 돗바늘을 사용해 연결합니다.

4 매듭을 지은 후 길게 남은 실을 가위로 자릅니다.

표정 자수 놓기

5 돗바늘을 사용해 검은색 실로 강아지의 표정을 표현합니다.

6 매듭을 지은 후 길게 남은 실을 가위로 정리합니다.

파우치 끈 뜨기

7 노란색 실로 사슬뜨기 50개를 떠 파우치 끈을 만듭니다.
8 돗바늘을 사용해 파우치 끈을 파우치 구멍에 차례대로 끼워 넣습니다.
9 끈이 풀리지 않도록 파우치 끈의 양쪽 끝을 묶습니다.
10 길게 남은 실을 가위로 정리합니다.

햄스터 파우치

★★★☆☆

작품 소개   어린 시절 친구네 집에서 본 아기 햄스터. 검은 천을 젖히고 안을 들여다 보았을 때 어둠 속에서 옅지만 분명하게 숨 쉬고 있는 햄스터들이 보였어요. 따뜻한 온기로 지켜주고 싶은 마음이 들었답니다. 여러분도 햄스터와의 추억이 있나요? 귀여운 햄스터와의 만남을 떠올리며 햄스터 파우치를 함께 만들어봐요!

기본 정보
크기   가로 7.5cm×세로 5cm
바늘   모사용 코바늘 6호
기법   매직링, 사슬뜨기, 짧은뜨기, 짧은뜨기 2코 늘려뜨기, 한길긴뜨기, 빼뜨기
실   해피코튼 아이보리색(702), 갈색(711), 분홍색(734), 노란색(735), 검은색(742)

도안

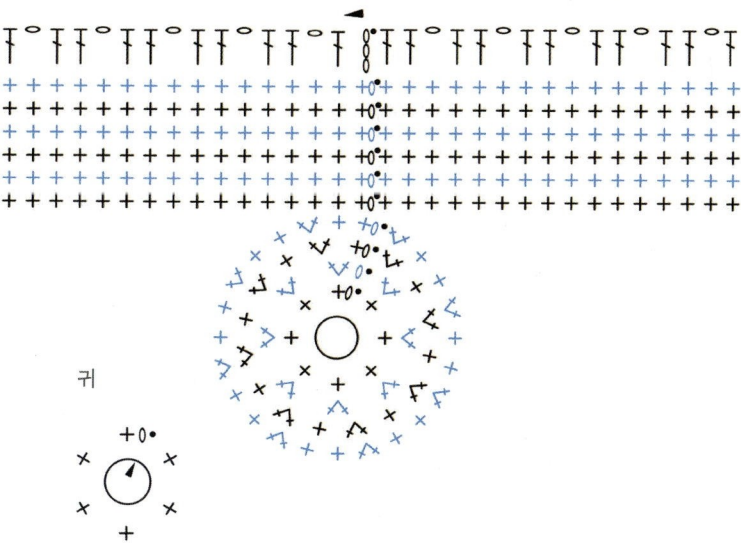

1

1-1

만드는 방법

파우치 뜨기

1 서술 도안과 기호 도안을 참고해 파우치를 뜹니다.

1단 : (아이보리색 실) 매직링, 사슬뜨기 1개(기둥코), 짧은뜨기 8개, 빼뜨기

2단 : 사슬뜨기 1개(기둥코), 짧은뜨기 2코 늘려뜨기 *8번 반복, 빼뜨기

3단 : 사슬뜨기 1개(기둥코), (짧은뜨기 1개, 짧은뜨기 2코 늘려뜨기) *8번 반복, 빼뜨기

4단 : 사슬뜨기 1개(기둥코), (짧은뜨기 2개, 짧은뜨기 2코 늘려뜨기) *8번 반복, 빼뜨기

5~6단 : 사슬뜨기 1개(기둥코), 짧은뜨기 32개, 빼뜨기

7~10단 : (노란색 실) 사슬뜨기 1개(기둥코), 짧은뜨기 32개, 빼뜨기

11단 : 사슬뜨기 3개(기둥코), 한길긴뜨기 1개, 사슬뜨기 1개, (한길긴뜨기 2개, 사슬뜨기 1개) *9번 반복, 한길긴뜨기 2개, 빼뜨기

귀 뜨기

2 서술 도안과 기호 도안을 참고해 귀 2개를 뜹니다.

1단 : (갈색 실) 매직링, 사슬뜨기 1개(기둥코), 짧은뜨기 6개, 빼뜨기

연결하기

3 돗바늘을 사용해 귀와 파우치를 연결합니다.

4 매듭을 지은 후 길게 남은 실을 가위로 정리합니다.

표정 자수 놓기

5 돗바늘을 사용해 갈색 실로 햄스터의 눈을, 분홍색 실로 햄스터의 코를 표현합니다.

6 매듭을 지은 후 길게 남은 실을 가위로 자릅니다.

파우치 끈 뜨기

7 갈색 실로 사슬뜨기 50개를 떠 파우치 끈을 만듭니다.

8 돗바늘을 사용해 파우치 끈을 파우치 구멍에 끼워 넣습니다.

9 파우치 끈의 양쪽 끝을 묶습니다.

10 길게 남은 실을 가위로 정리합니다.

판다 핸드타월 장식

★★★☆☆

작품 소개	2020년 여름, 갓 태어난 푸바오의 작고 반짝이던 눈을 기억합니다. 예정된 이별을 거짓이라 믿고 싶을 만큼 사랑스러웠던 판다 푸바오! 우리에게 행복만 주었던 작은 아기 판다 푸바오를 떠올리며 만든 귀여운 판다 핸드타월 장식입니다.

기본 정보

크기	가로 7cm×세로 6cm
바늘	모사용 코바늘 6호
기법	매직링, 사슬뜨기, 짧은뜨기, 한길긴뜨기, 한길긴뜨기 2코 모아뜨기, 한길긴뜨기 2코 늘려뜨기, 빼뜨기
실	해피코튼 흰색(701), 검은색(742)

도안

얼굴

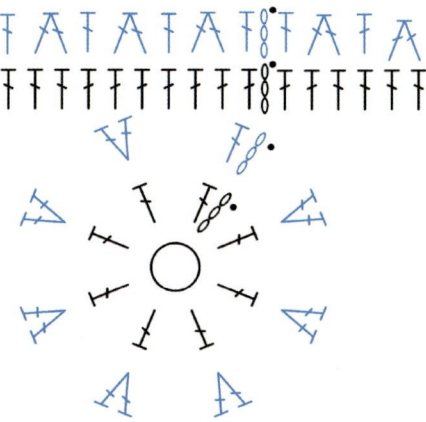

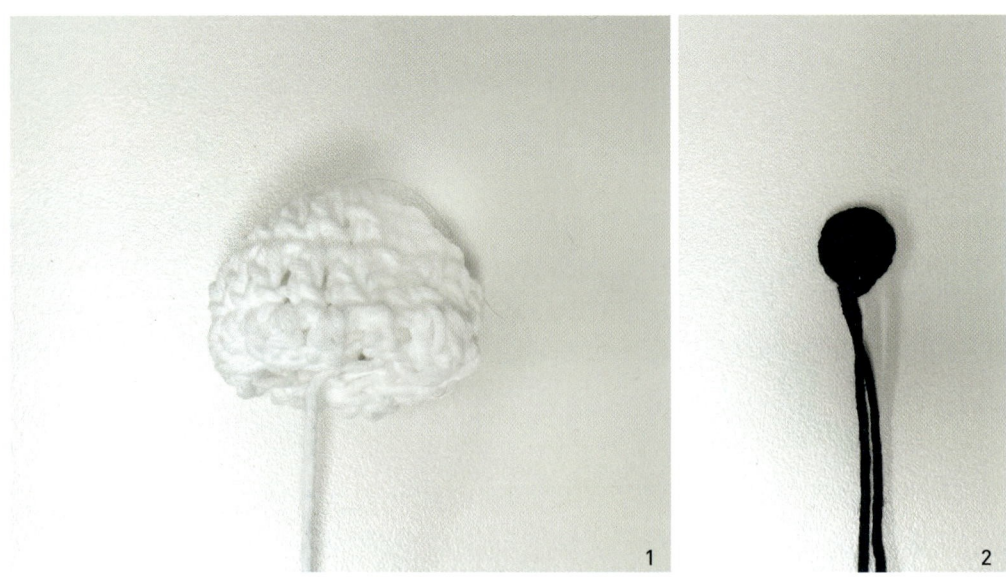

만드는 방법

얼굴 뜨기

1 서술 도안과 기호 도안을 참고해 얼굴을 뜹니다.

1단 : (흰색 실) 매직링, 사슬뜨기 3개(기둥코), 한길긴뜨기 8개, 빼뜨기

✿ 매직링 구멍 크기를 줄이지 마세요.

2단 : 사슬뜨기 3개(기둥코), 한길긴뜨기 1개, 한길긴뜨기 2코 늘려뜨기 *7번 반복, 빼뜨기

3단 : 사슬뜨기 3개(기둥코), 한길긴뜨기 16개, 빼뜨기

4단 : 사슬뜨기 3개(기둥코), (한길긴뜨기 1개, 한길긴뜨기 2코 모아뜨기) *5번 반복, 한길긴뜨기 1개, 빼뜨기

무늬 뜨기

2 아래 서술 도안을 참고해 무늬 2개를 뜹니다.

(검은색 실) 매직링, 사슬뜨기 1개(기둥코), 짧은뜨기 6개, 빼뜨기

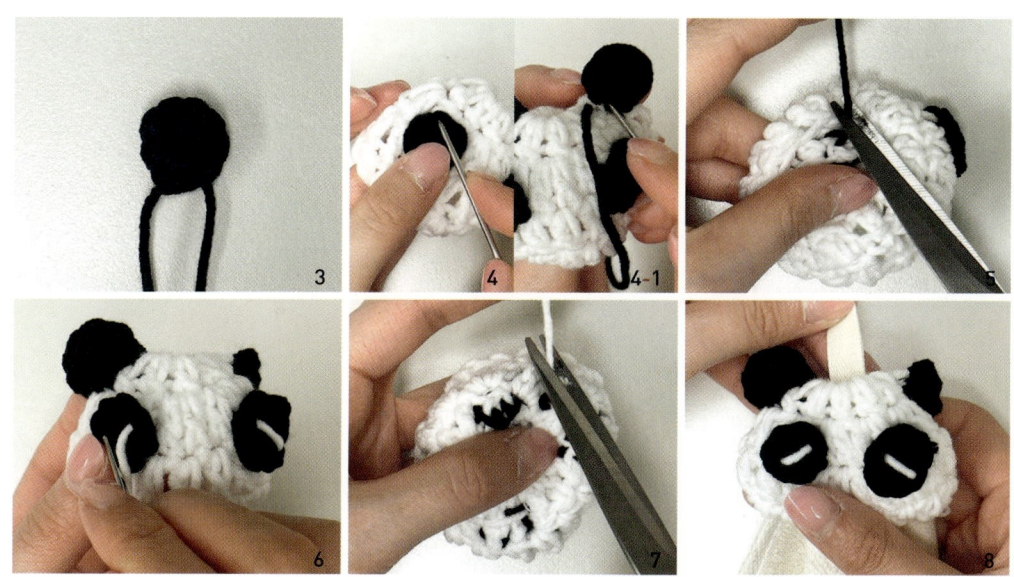

귀 뜨기

3   아래 서술 도안을 참고해 귀 2개를 뜹니다.
    (검은색 실) 매직링, 사슬뜨기 1개(기둥코), 짧은뜨기 8개, 빼뜨기

연결하기

4   돗바늘을 사용해 판다 무늬와 귀를 얼굴에 연결합니다.
5   매듭을 지은 후 길게 남은 실을 가위로 자릅니다.

표정 자수 놓기

6   돗바늘을 사용해 흰색 실로 판다의 표정을 표현합니다.
7   매듭을 지은 후 길게 남은 실을 가위로 정리합니다.
8   핸드타월의 손잡이 부분을 판다 얼굴의 1단으로 통과시키면 완성입니다.

코뿔소 티코스터

★★★☆☆

작품 소개 여러분은 북부흰코뿔소를 아시나요? 북부흰코뿔소는 불법 밀렵이 성행하며 전 세계에 단 두 마리밖에 남지 않았다고 해요. 엄마 코뿔소 '나진'과 아이 코뿔소 '파투'가 바로 그 주인공인데요. 사랑하는 아기 코뿔소와 코를 맞대지 못해 슬퍼하는 엄마 코뿔소를 생각하면 마음이 아파오곤 합니다. 그들의 행복을 바라는 마음으로 코뿔소 티코스터를 만들었습니다.

기본 정보
- 크기   가로 9cm×세로 7cm
- 바늘   모사용 코바늘 6호
- 기법   매직링, 사슬뜨기, 짧은뜨기, 짧은뜨기 2코 모아뜨기, 한길긴뜨기, 한길긴뜨기 2코 늘려뜨기, 빼뜨기
- 실   해피코튼 흰색(701), 회색(713), 검은색(742)

도안   얼굴   뿔

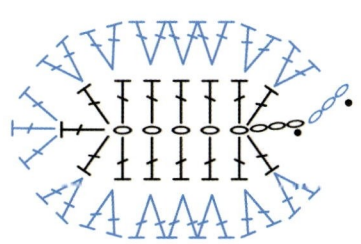
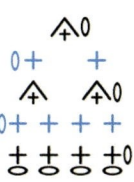

만드는 방법

얼굴 뜨기

1. 서술 도안과 기호 도안을 참고해 얼굴 2개를 뜹니다.

    1단 : (회색 실) 사슬뜨기 5개, 사슬뜨기 3개(기둥코), 한길긴뜨기 2코 늘려뜨기, 한길긴뜨기 3개, 한길긴뜨기 5코 늘려뜨기, 한길긴뜨기 3개, 한길긴뜨기 2코 늘려뜨기, 빼뜨기

    2단 : 사슬뜨기 3개(기둥코), 한길긴뜨기 2코 늘려뜨기 *7번 반복, 한길긴뜨기 3코 늘려뜨기, 한길긴뜨기 2코 늘려뜨기 *7번 반복, 빼뜨기

귀 뜨기

2. 아래 서술 도안을 참고해 귀 2개를 뜹니다.

    1단 : (회색 실) 매직링, 사슬뜨기 1개(기둥코), 짧은뜨기 5개, 빼뜨기

3. 돗바늘을 사용해 코뿔소의 얼굴에 연결한 후 매듭을 짓고 남은 실을 자릅니다.

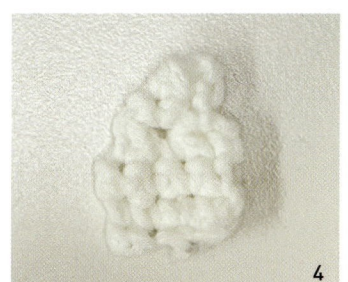

뿔 뜨기

4 서술 도안과 기호 도안을 참고해 뿔을 뜹니다.

1단 : (흰색 실) 사슬뜨기 4개, 사슬뜨기 1개(기둥코), 짧은뜨기 4개

2단 : 사슬뜨기 1개(기둥코), 짧은뜨기 4개

3단 : 사슬뜨기 1개(기둥코), 짧은뜨기 2코 모아뜨기 *2번 반복

4단 : 사슬뜨기 1개(기둥코), 짧은뜨기 2개

5단 : 사슬뜨기 1개(기둥코), 짧은뜨기 2코 모아뜨기

눈 모양 자수 놓기

5 얼굴 편물 하나에 돗바늘을 사용해 코뿔소 눈을 표현한 후 길게 남은 실을 가위로 자릅니다.

6 얼굴 2개를 겹쳐 잡아 연결한 후 매듭을 짓고 가위로 길게 남은 실을 정리합니다.

연결하기

7 돗바늘로 얼굴과 뿔을 연결한 후 매듭을 짓고 실을 가위로 정리합니다.

카피바라 트레이

★★★☆☆

작품 소개	무슨 생각을 하는지 알 수 없는 표정의 카피바라. 오리가 머리 위에 올라가도, 참새가 귀를 간지럽혀도 늘 가만히 웃기만 하죠. 우리가 느끼는 카피바라의 온순함이 카피바라에게도 평온함으로 느껴지는지 궁금해요. 목욕하며 여유롭게 자신만의 시간을 보내는 카피바라를 떠올리며 만든 트레이를 함께 만들어볼까요?
기본 정보	크기　가로 7cm×세로 7cm 바늘　모사용 코바늘 6호 기법　매직링, 사슬뜨기, 짧은뜨기, 짧은뜨기 2코 늘려뜨기, 한길긴뜨기, 한길긴뜨기 2코 늘려뜨기, 빼뜨기 실　　해피코튼 흰색(701), 갈색(711), 연갈색(730), 파란색(737), 검은색(742), 주황색(758)
도안	트레이 바닥 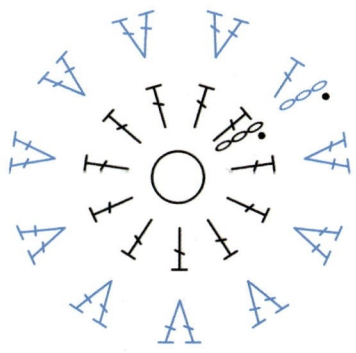

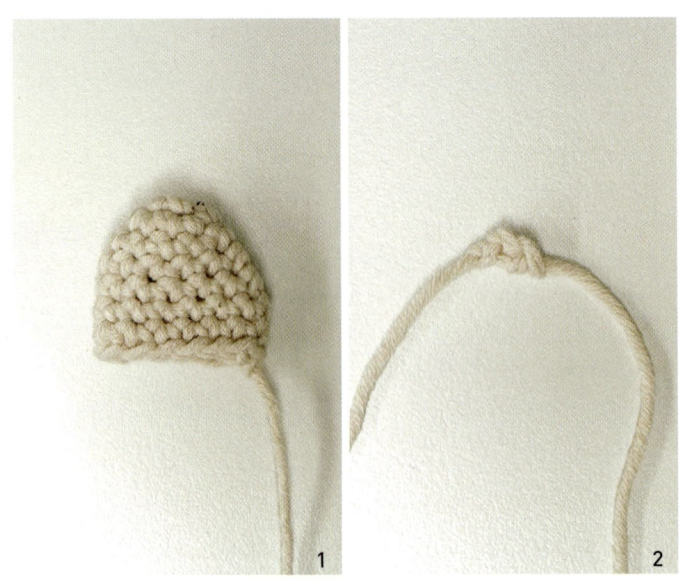

만드는 방법

카피바라 뜨기

1. 아래 서술 도안을 참고해 카피바라를 뜹니다.

   1단 : (연갈색 실) 매직링, 사슬뜨기 1개(기둥코), 짧은뜨기 5개, 빼뜨기

   2단 : 사슬뜨기 1개(기둥코), 짧은뜨기 2코 늘려뜨기 *5번 반복, 빼뜨기

   3단 : 사슬뜨기 1개(기둥코), 짧은뜨기 10개, 빼뜨기

   4단 : 사슬뜨기 1개(기둥코), 짧은뜨기 2코 늘려뜨기, 짧은뜨기 8개, 짧은뜨기 2코 늘려뜨기, 빼뜨기

   5단 : 사슬뜨기 1개(기둥코), 짧은뜨기 2코 늘려뜨기, 짧은뜨기 10개, 짧은뜨기 2코 늘려뜨기, 빼뜨기

   6~7단 : 사슬뜨기 1개(기둥코), 짧은뜨기 14개, 빼뜨기

카피바라 귀 뜨기

2. 아래 서술 도안을 참고해 카피바라 귀 2개를 뜹니다.

   (연갈색 실) 사슬뜨기 1개, 사슬뜨기 1개(기둥코), 짧은뜨기 1개

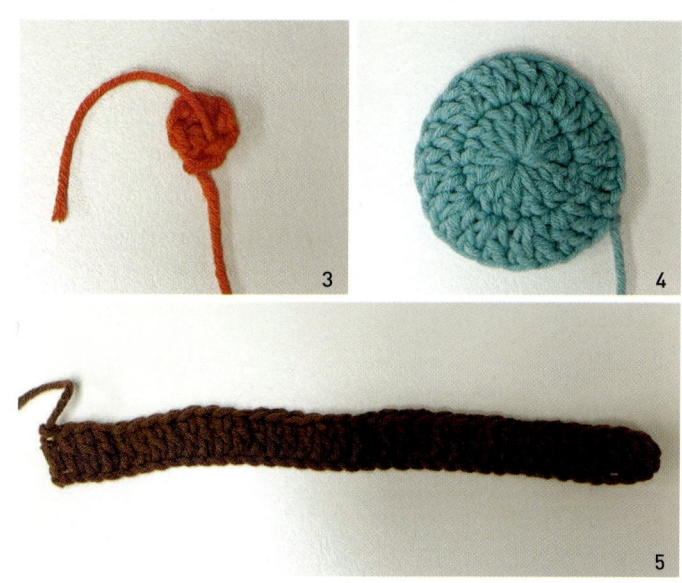

미니 귤 뜨기

3 아래 서술 도안을 참고해 귤을 뜹니다.

(주황색 실) 매직링, 사슬뜨기 1개(기둥코), 짧은뜨기 5개, 빼뜨기

트레이 바닥 뜨기

4 서술 도안과 기호 도안을 참고해 트레이 바닥을 뜹니다.

1단 : (파란색 실) 매직링, 사슬뜨기 3개(기둥코), 한길긴뜨기 11개, 빼뜨기

2단 : 사슬뜨기 3개(기둥코), 한길긴뜨기 1개, 한길긴뜨기 2코 늘려뜨기 *10번 반복, 빼뜨기

트레이 벽 뜨기

5 아래 서술 도안을 참고해 트레이 벽을 뜹니다.

1단 : (갈색 실) 벽 둘레만큼 사슬뜨기

2단 : 사슬뜨기 3개(기둥코), 늘림 없이 코마다 한길긴뜨기

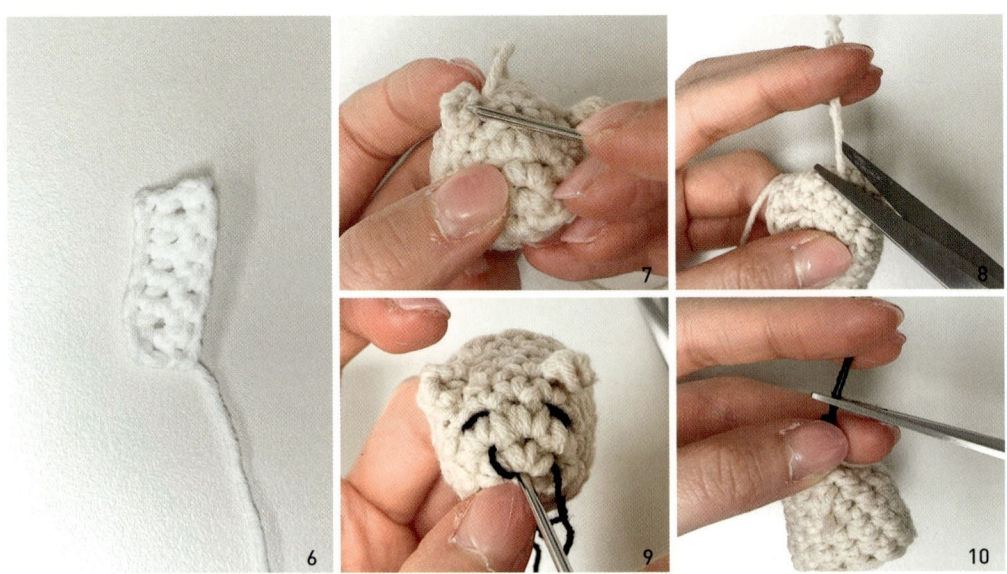

수건 뜨기

6 아래 서술 도안을 참고해 수건을 뜹니다.

1단 : (흰색 실) 사슬뜨기 6개

2~3단 : 사슬뜨기 1개(기둥코), 짧은뜨기 6개

머리와 귀 연결하기

7 돗바늘을 사용해 머리와 귀를 연결합니다.

8 매듭을 지은 후 길게 남은 실을 가위로 자릅니다.

표정 자수 놓기

9 돗바늘을 사용해 검은색 실로 카피바라의 표정을 표현합니다.

10 매듭을 짓고 남은 실을 가위로 정리합니다.

카피바라와 트레이 바닥 연결하기

11 돗바늘을 사용해 카피바라를 트레이 바닥에 연결합니다.

12 매듭을 지은 후 길게 남은 실을 가위로 자릅니다.

트레이 바닥과 벽 연결하기

13 돗바늘을 사용해 트레이 바닥과 벽을 연결합니다.

14 매듭을 묶고 길게 남은 실을 가위로 정리합니다.

미니 귤 연결하기

15 돗바늘을 사용해 미니 귤을 카피바라 머리에 연결합니다.

16 매듭을 지은 후 길게 남은 실을 가위로 자릅니다.

수건 연결하기

17 돗바늘을 사용해 수건을 트레이 벽에 연결합니다.

18 매듭을 묶고 남은 실을 가위로 자릅니다.

2

아기자기
음식 뜨개

소중한 사람이 생기면 늘 그 사람의 식사가 궁금합니다. 밥은 잘 챙겨 먹고 다니는지, 자주 가던 빵집의 메론빵을 여전히 좋아하는지 궁금해져요. 이 책을 보고 있을 여러분이 좋아하는 음식도 궁금합니다. 어떤 음식을 좋아하시나요? 이번 챕터에서 여러분이 좋아하는 맛있고 달콤한 음식을 만나길 바랍니다.

당고 키링

★☆☆☆☆

작품 소개	따스한 봄을 떠올리며 동글동글 귀여운 당고 키링을 만들었어요! 알록달록한 하나미 당고는 일본 벚꽃 축제 기간에 맛볼 수 있는 당고입니다. 분홍색 경단은 봄의 벚꽃을, 흰색은 겨울의 눈을, 초록색은 여름의 쑥을 의미한다고 해요. 봄을 기다리는 마음으로 함께 당고 키링을 만들어볼까요?
기본 정보	크기 가로 2cm×세로 9cm 바늘 모사용 코바늘 6호 기법 매직링, 사슬뜨기, 짧은뜨기, 한길긴뜨기, 빼뜨기 실 해피코튼 아이보리색(702), 갈색(711), 분홍색(734), 초록색(759)
도안	당고 꼬치

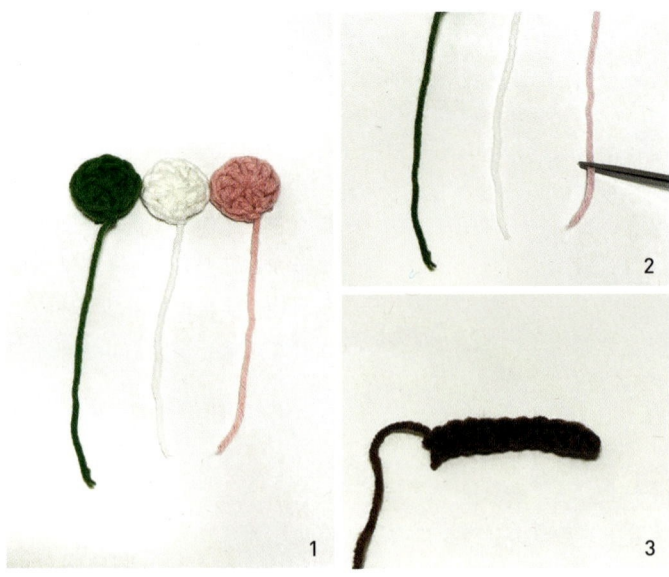

만드는 방법

당고 뜨기

1. 서술 도안과 기호 도안을 참고해 분홍색, 아이보리색, 초록색의 세 가지 색 당고를 뜹니다.
   1단 : 매직링, 사슬뜨기 3개(기둥코), 한길긴뜨기 7개, 빼뜨기

2. 실을 10cm 정도 남기고 가위로 자릅니다.

꼬치 뜨기

3. 서술 도안과 기호 도안을 참고해 꼬치 부분을 뜹니다.
   1단 : (갈색 실) 사슬뜨기 10개, 사슬뜨기 1개(기둥코), 짧은뜨기 10개

당고 연결하기

4 돗바늘을 사용해 분홍색 당고와 아이보리색 당고를 연결합니다.

5 아이보리색 당고와 초록색 당고를 연결합니다.

꼬치 연결하기

6 당고의 2/3 지점에 꼬치를 연결합니다. 연결하는 실이 앞에서 보이지 않 도록 당고를 완전히 통과하지 않고 뒷면 실에만 연결합니다.

메론빵 키링

★☆☆☆☆

작품 소개

여러분은 어떤 빵을 가장 좋아하나요? 저는 노란 비스킷이 올라가 있는 메론빵을 가장 좋아합니다. 거북이의 등을 닮은 메론빵은 보기만 해도 너무 귀여워요. 귀여움이 언제나 우리 곁에 머무르길 바라는 마음으로 메론빵 키링을 함께 만들어보아요!

기본 정보

크기　가로 3.5cm×세로 3.5cm
바늘　모사용 코바늘 6호
기법　매직링, 사슬뜨기, 짧은뜨기, 짧은뜨기 2코 모아뜨기, 짧은뜨기 2코 늘려뜨기, 빼뜨기
실　해피코튼 연노란색(762), 연두색(784)

도안

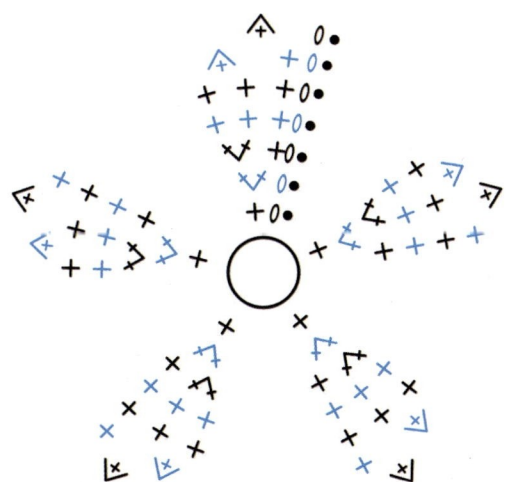

만드는 방법

메론빵 뜨기

1. 서술 도안과 기호 도안을 참고해 메론빵을 뜹니다.

   1단 : (연두색 실) 매직링, 사슬뜨기 1개(기둥코), 짧은뜨기 5개, 빼뜨기

   2단 : 사슬뜨기 1개(기둥코), 짧은뜨기 2코 늘려뜨기 *5번 반복, 빼뜨기

   3단 : 사슬뜨기 1개(기둥코), (짧은뜨기 1개, 짧은뜨기 2코 늘려뜨기) *5번 반복, 빼뜨기

   4~5단 : 사슬뜨기 1개(기둥코), 짧은뜨기 15개, 빼뜨기

   ✿ 여기까지 뜬 후 뜨기를 잠시 멈춥니다.

무늬 자수 놓기

2. 돗바늘을 사용해 연노란색 실로 메론빵 무늬를 표현합니다.

3. 편물을 뒤집어 실을 한 번 묶은 후 길게 남은 실을 가위로 자릅니다.

메론빵 이어 뜨기

4   서술 도안과 기호 도안을 참고해 메론빵을 이어 뜹니다.

   6단 : 사슬뜨기 1개(기둥코), (짧은뜨기 1개, 짧은뜨기 2코 모아뜨기) *5번 반복, 빼뜨기

   7단 : 사슬뜨기 1개(기둥코), 짧은뜨기 2코 모아뜨기 *5번 반복, 빼뜨기

5   돗바늘을 사용해 편물을 오므려주세요.

6   매듭을 지은 후 길게 남은 실을 기위로 정리합니다.

카마보코 키링

★☆☆☆☆

작품 소개	카마보코는 체리 무늬가 콕 박혀있는 귀여운 어묵입니다. 어묵 위에 통통한 체리가 박힌 귀여운 카마보코 키링을 만들었어요! 과일향이 날 것만 같은 상큼한 카마보코 키링을 함께 만들어보아요.
기본 정보	크기　가로 5cm×세로 3cm 바늘　모사용 코바늘 6호 기법　매직링, 사슬뜨기, 짧은뜨기, 짧은뜨기 2코 늘려뜨기, 빼뜨기 실　　해피코튼 아이보리색(702), 갈색(711), 분홍색(734)
도안	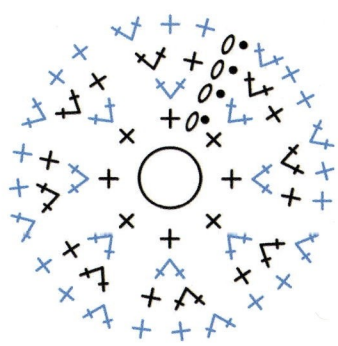

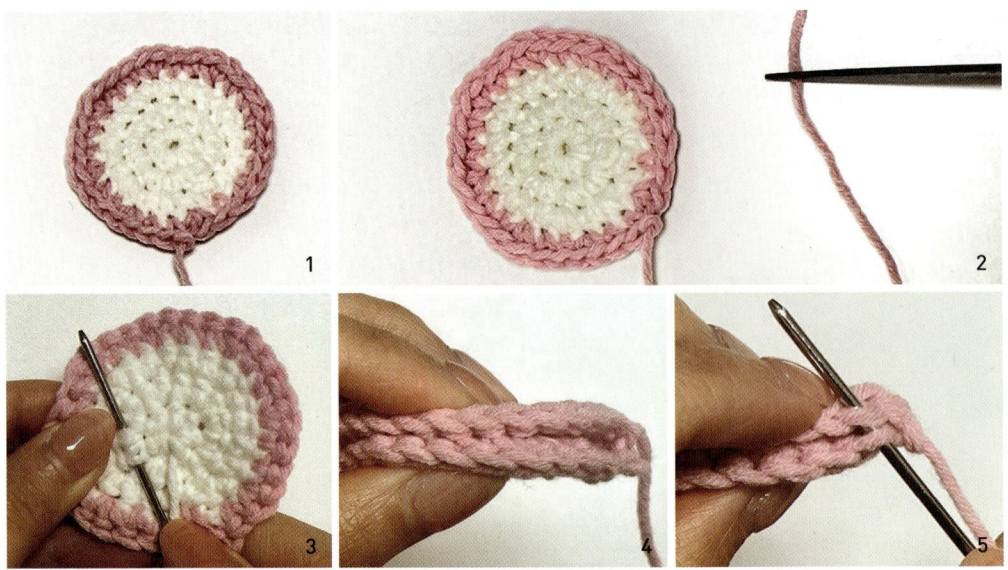

만드는 방법

카마보코 뜨기

1. 서술 도안과 기호 도안을 참고해 원형 편물을 뜹니다.

    1단 : (아이보리색 실) 매직링, 사슬뜨기 1개(기둥코), 짧은뜨기 8개, 빼뜨기

    2단 : 사슬뜨기 1개(기둥코), 짧은뜨기 2코 늘려뜨기 *8번 반복, 빼뜨기

    3단 : 사슬뜨기 1개(기둥코), (짧은뜨기 1개, 짧은뜨기 2코 늘려뜨기) *8번 반복, 빼뜨기

    4단 : (분홍색 실) 사슬뜨기 1개(기둥코), (짧은뜨기 2개, 짧은뜨기 2코 늘려뜨기) *8번 반복, 빼뜨기

2. 실을 20cm 정도 남기고 가위로 자릅니다.

3. 매직링을 하며 생긴 꼬리실을 돗바늘로 편물 뒷면에 숨깁니다.

4. 원형으로 뜬 편물을 반달 모양으로 접습니다.

5. 맞닿은 부분을 꼬리실로 바느질합니다.

체리 만들기

6. 편물 앞면에 돗바늘을 끼워 넣습니다.
7. [프렌치 노트 스티치] 기법을 사용해 분홍색 실로 체리 모양을 만듭니다.

    ❈ 프렌치 노트 스티치 : 바늘에 실을 2~3회 감고 바로 옆에 바늘을 통과시켜 동그란 구슬 모양을 만드는 기법.

8. 실이 나온 구멍 옆으로 돗바늘을 끼워 넣습니다.
9. 같은 방법으로 체리 모양을 만듭니다.
10. 편물 바깥 라인으로 바늘을 통과시켜 접힌 부분 안쪽에 실을 숨겨주세요.
11. 갈색 실로 체리 꼭지를 표현합니다.

삼각김밥 키링

★★☆☆

작품 소개	영화 〈카모메 식당〉에서 영감을 받아 만든 키링입니다. 인적이 드문 핀란드의 작은 마을에 문을 연 카모메 식당에서는 사치에 씨가 직접 만든 삼각김밥을 팔아요. 찰기 어린 밥을 정성스레 조물조물 어루만지면 어느새 삼각김밥이 완성된답니다. 김이 모락모락 피어오르는 따끈한 삼각김밥을 상상하며 만들어보세요!

기본 정보

크기   가로 5.5cm×세로 5cm
바늘   모사용 코바늘 6호
기법   매직링, 사슬뜨기, 짧은뜨기, 짧은뜨기 3코 늘려뜨기, 빼뜨기
실   해피코튼 아이보리색(702), 검은색(742)

도안

밥　　　　　　　　　　　김

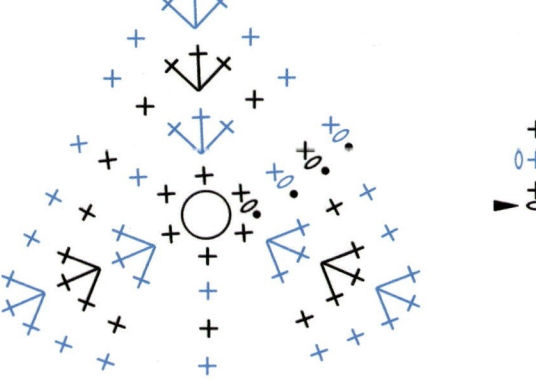

만드는 방법

밥 뜨기

1. 서술 도안과 기호 도안을 참고해 삼각김밥의 밥 부분을 뜹니다.

   1단 : (아이보리색 실) 매직링, 사슬뜨기 1개(기둥코), 짧은뜨기 6개, 빼뜨기

   2단 : 사슬뜨기 1개(기둥코), (짧은뜨기 1개, 짧은뜨기 3코 늘려뜨기) *3번 반복

   3단 : 사슬뜨기 1개(기둥코), 짧은뜨기 2개, 짧은뜨기 3코 늘려뜨기, (짧은뜨기 3개, 짧은뜨기 3코 늘려뜨기) *2번 반복, 짧은뜨기 1개, 빼뜨기

   4단 : 사슬뜨기 1개(기둥코), 짧은뜨기 3개, 짧은뜨기 3코 늘려뜨기, 짧은뜨기 5개, 짧은뜨기 3코 늘려뜨기, 짧은뜨기 5개, 짧은뜨기 3코 늘려뜨기, 짧은뜨기 2개, 빼뜨기

김 뜨기

2 서술 도안과 기호 도안을 참고해 삼각김밥의 김 부분을 뜹니다.

　1단 : (검은색 실) 사슬뜨기 4개, 사슬뜨기 1개(기둥코), 짧은뜨기 4개

　2~3단 : 사슬뜨기 1개(기둥코), 짧은뜨기 4개

3 실을 10cm 정도 남기고 자릅니다.

연결하기

4 돗바늘로 밥과 김을 연결한 후 매듭을 짓고 가위로 남은 실을 정리합니다.

나루토마키 키링

★★☆☆☆

나루토마키는 회오리무늬가 그려진 일본의 어묵입니다. 일본 나루토시의 바다 물결과 닮아 나루토마키라는 이름이 붙여졌다고 해요! 어릴 적 봤던 만화 영화의 주인공이 먹는 라면 위엔 항상 나루토마키가 있었어요. 라면보다 빙글빙글 회오리무늬의 어묵이 더 먹고 싶었습니다. 어린 시절의 기억을 담아 나루토마키 키링을 만들었습니다.

기본 정보

크기   가로 5cm×세로 5cm
바늘   모사용 코바늘 6호
기법   매직링, 사슬뜨기, 짧은뜨기, 짧은뜨기 2코 늘려뜨기, 긴뜨기 2코 늘려뜨기, 빼뜨기
실   해피코튼 아이보리색(702), 분홍색(734)

도안

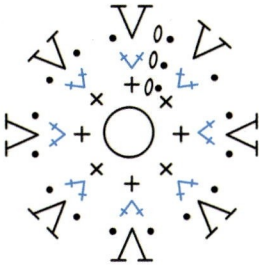

만드는 방법

1   서술 도안과 기호 도안을 참고해 나루토마키를 뜹니다.

1단 : (아이보리색 실) 매직링, 사슬뜨기 1개(기둥코), 짧은뜨기 8개, 빼뜨기

2단 : 사슬뜨기 1개(기둥코), 짧은뜨기 2코 늘려뜨기 *8번 반복, 빼뜨기

3단 : 사슬뜨기 1개(기둥코), 긴뜨기 2코 늘려뜨기, 다음 코 빼뜨기, (빼뜨기, 긴뜨기 2코 늘려뜨기, 다음 코 빼뜨기) *7번 반복

2   매직링을 하며 생긴 꼬리실을 돗바늘을 사용해 편물 뒷면에 숨깁니다.

3   돗바늘을 사용해 분홍색 실로 편물 1단과 2단 사이에 회오리무늬를 표현합니다.

식빵 티코스터

★★☆☆

작품 소개   일요일 아침, 평소보다 느긋하게 일어나 먹는 식빵 한 조각을 떠올리며 만들었어요. 바쁜 월요일도 여유로운 주말처럼 느껴지게 만드는 귀여운 식빵 티코스터를 함께 만들어보아요!

기본 정보   크기   가로 10cm×세로 9cm
바늘   모사용 코바늘 6호
기법   사슬뜨기, 짧은뜨기, 짧은뜨기 2코 모아뜨기, 짧은뜨기 2코 늘려뜨기, 빼뜨기
실   해피코튼 갈색(711), 연갈색(730), 연노란색(762)

도안

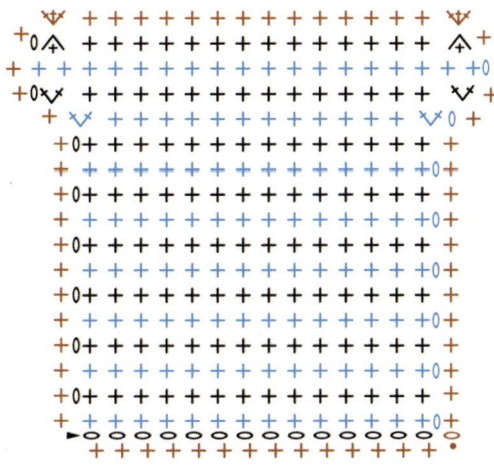

만드는 방법

식빵 뜨기

1 서술 도안과 기호 도안을 참고해 식빵을 뜹니다.

1단 : (연갈색 실) 사슬뜨기 14개

2~13단 : 사슬뜨기 1개(기둥코), 짧은뜨기 14개

14단 : 사슬뜨기 1개(기둥코), 짧은뜨기 2코 늘려뜨기, 짧은뜨기 12개, 짧은뜨기 2코 늘려뜨기

15단 : 사슬뜨기 1개(기둥코), 짧은뜨기 2코 늘려뜨기, 짧은뜨기 14개, 짧은뜨기 2코 늘려뜨기

16단 : 사슬뜨기 1개(기둥코), 짧은뜨기 18개

17단 : 사슬뜨기 1개(기둥코), 짧은뜨기 2코 모아뜨기, 짧은뜨기 14개, 짧은뜨기 2코 모아뜨기

18단 : (갈색 실, 오른쪽 아래에서 시작), 사슬뜨기 1개(기둥코), 짧은뜨기 16개, **모서리** 짧은뜨기 3코 늘려뜨기, 짧은뜨기 14개, **모서리** 짧은뜨기 3코 늘려뜨기, 짧은뜨기 16개, 짧은뜨기 14개, 빼뜨기

버터 뜨기

2 서술 도안과 기호 도안을 참고해 버터를 뜹니다.
   1단 : (연노란색 실) 사슬뜨기 5개
   2~5단 : 사슬뜨기 1개(기둥코), 짧은뜨기 5개

연결하기

3 돗바늘을 사용해 버터를 식빵에 연결합니다.
4 매듭을 지은 후 길게 남은 실을 가위로 자릅니다.

풋사과 티코스터

★★☆☆☆

작품 소개	여름은 정말 이상해요. 푹푹 찌는 더위와 등을 타고 흐르는 땀, 축축한 장맛비, 형형색색으로 터지는 폭죽과 햇살의 초록빛 싱그러움이 공존하는 이상한 계절입니다. 풋사과는 그런 여름의 이상한 매력을 닮았어요. 풋사과의 상큼한 연둣빛에 속아 한입 베어 물었다가 떫은맛에 놀랄 때가 있죠! 여름의 싱그러움이 떠오르는 풋사과 티코스터, 함께 만들어보아요!
기본 정보	크기 가로 9.5cm×세로 11cm 바늘 모사용 코바늘 6호 기법 매직링, 사슬뜨기, 짧은뜨기, 짧은뜨기 2코 늘려뜨기, 긴뜨기, 한길긴뜨기, 두길긴뜨기, 빼뜨기 실 해피코튼 갈색(711), 연노란색(762), 연하늘색(785)
도안	풋사과 나뭇잎

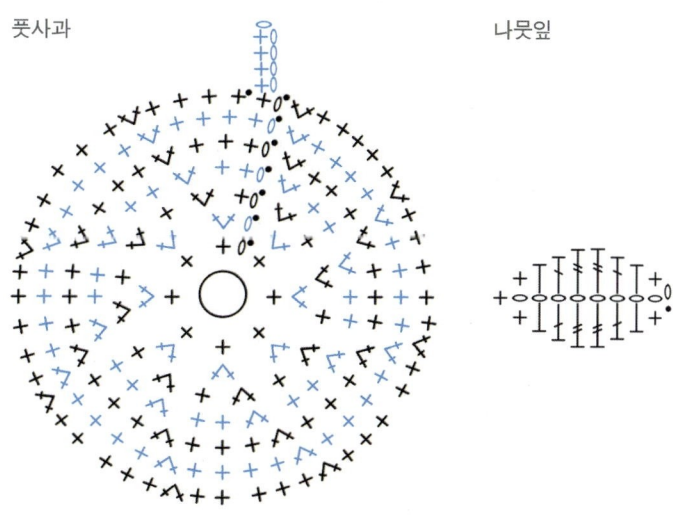

1

만드는 방법

풋사과 뜨기

1 서술 도안과 기호 도안을 참고해 풋사과를 뜹니다.

1단 : (연노란색 실) 매직링, 사슬뜨기 1개(기둥코), 짧은뜨기 8개, 빼뜨기

2단 : 사슬뜨기 1개(기둥코), 짧은뜨기 2코 늘려뜨기 *8번 반복, 빼뜨기

3단 : 사슬뜨기 1개(기둥코), (짧은뜨기 1개, 짧은뜨기 2코 늘려뜨기) *8번 반복, 빼뜨기

4단 : 사슬뜨기 1개(기둥코), (짧은뜨기 2개, 짧은뜨기 2코 늘려뜨기) *8번 반복, 빼뜨기

5단 : 사슬뜨기 1개(기둥코), (짧은뜨기 3개, 짧은뜨기 2코 늘려뜨기) *8번 반복, 빼뜨기

6단 : 사슬뜨기 1개(기둥코), (짧은뜨기 4개, 짧은뜨기 2코 늘려뜨기) *8번 반복, 빼뜨기

7단 : (연하늘색 실) 사슬뜨기 1개(기둥코), (짧은뜨기 5개, 짧은뜨기 2코 늘려뜨기) *8번 반복, 빼뜨기

8단 : (갈색 실, 7단 첫 코에서 시작) 사슬뜨기 4개, 사슬뜨기 1개(기둥코), 짧은뜨기 4개, 빼뜨기

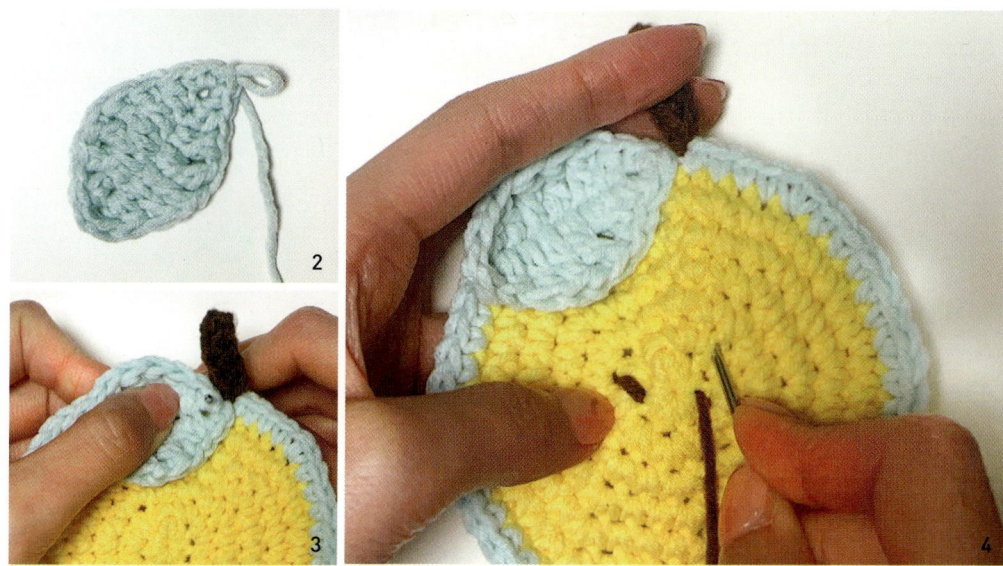

나뭇잎 뜨기

2 서술 도안과 기호 도안을 참고해 나뭇잎을 뜹니다.

1단 : (연하늘색 실) 사슬뜨기 8개

2단 : 사슬뜨기 1개(기둥코), (짧은뜨기 1개, 긴뜨기 1개, 한길긴뜨기 1개, 두길긴뜨기 2개, 한길긴뜨기 1개, 긴뜨기 1개), 마지막 코에 짧은뜨기 3코 늘려뜨기, (긴뜨기 1개, 한길긴뜨기 1개, 두길긴뜨기 2개, 한길긴뜨기 1개, 긴뜨기 1개, 짧은뜨기 1개), 빼뜨기

연결하기

3 돗바늘을 사용해 나뭇잎을 풋사과에 연결한 후 매듭을 짓고 실을 정리합니다.

사과 씨 자수 놓기

4 돗바늘을 사용해 갈색 실로 사과 씨를 표현한 후 매듭을 짓고 남은 실을 가위로 자릅니다.

나루토마키 소품함

★★★☆☆

작품 소개	라멘 위 고명으로 올라간 나루토마키의 회오리무늬가 귀여워 항상 마지막까지 남겨두곤 했어요. 먹지 않고 아껴두던 어린 시절의 귀여운 기억을 떠올리며 나루토마키 소품함을 만들어보아요!
기본 정보	크기　가로 9cm×세로 9cm 바늘　모사용 코바늘 6호 기법　매직링, 사슬뜨기, 짧은뜨기, 짧은뜨기 2코 모아뜨기, 한길긴뜨기, 앞이랑 한길긴뜨기, 한길긴뜨기 2코 모아뜨기, 한길긴뜨기 2코 늘려뜨기, 빼뜨기 실　해피코튼 흰색(701), 분홍색(734)
도안	뚜껑 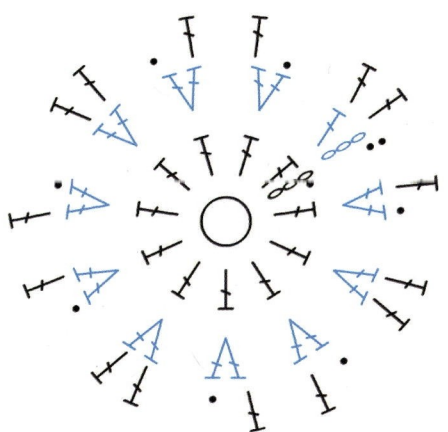

만드는 방법

소품함 뜨기

1. 아래 서술 도안을 참고해 소품함을 뜹니다.

   1단 : (흰색 실) 매직링, 사슬뜨기 3개(기둥코), 한길긴뜨기 11개, 빼뜨기

   2단 : 사슬뜨기 3개(기둥코), 한길긴뜨기 1개, 한길긴뜨기 2코 늘려뜨기 *10번 반복, 빼뜨기

   3단 : (한길긴뜨기 2개, 빼뜨기) *7번 반복, 한길긴뜨기 1개, 빼뜨기

   4단 : 사슬뜨기 3개(기둥코), 앞이랑 한길긴뜨기 22개, 빼뜨기

   5단 : 사슬뜨기 1개(기둥코), 짧은뜨기 22개, 빼뜨기

   6단 : 사슬뜨기 1개(기둥코), (한길긴뜨기 1개, 한길긴뜨기 2코 모아뜨기) *17번 반복, 한길긴뜨기 1개, 빼뜨기

   7단 : 사슬뜨기 1개(기둥코), 짧은뜨기 2코 모아뜨기 *5번 반복, 짧은뜨기 1개, 빼뜨기

뚜껑 뜨기

2 서술 도안과 기호 도안을 참고해 뚜껑을 뜹니다.

1단 : (흰색 실) 매직링, 사슬뜨기 3개(기둥코), 한길긴뜨기 11개, 빼뜨기

2단 : 사슬뜨기 3개(기둥코), 한길긴뜨기 1개, 한길긴뜨기 2코 늘려뜨기 *10번 반복, 빼뜨기

3단 : (한길긴뜨기 2개, 빼뜨기) *7번 반복, 한길긴뜨기 1개, 빼뜨기

회오리무늬 자수 놓기

3 돗바늘을 사용해 분홍색 실로 뚜껑에 회오리무늬를 표현합니다.

4 실이 풀리지 않도록 매듭을 지은 후 길게 남은 실을 가위로 자릅니다.

붕어빵 소품함

★★★☆☆

작품 소개

'슈크림이 좋아, 팥이 좋아?'라는 질문을 들을 때면 겨울이 왔다는 걸 느낍니다. 붕어빵 소로 취향이 갈린다는 게 참 재밌어요. 여러분은 어떤 붕어빵을 좋아하세요? 저와 함께 붕어빵 소품함을 만들며 귀여운 겨울 간식 붕어빵을 떠올려 보세요!

기본 정보

크기	가로 7.5cm×세로 5.5cm
바늘	모사용 코바늘 6호
기법	매직링, 사슬뜨기, 짧은뜨기, 짧은뜨기 2코 늘려뜨기, 한길긴뜨기, 한길긴뜨기 2코 늘려뜨기, 빼뜨기
실	해피코튼 갈색(711), 노란색(735)

도안

몸통   꼬리

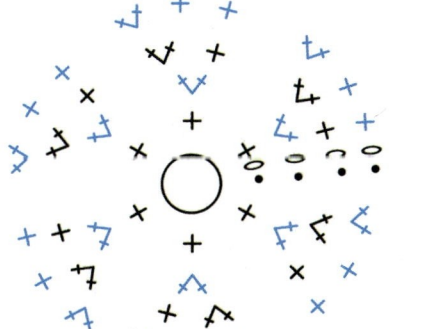

만드는 방법

몸통 뜨기

1. 서술 도안과 기호 도안을 참고해 몸통을 뜹니다.

    1단 : (노란색 실) 매직링, 사슬뜨기 1개(기둥코), 짧은뜨기 6개, 빼뜨기

    2단 : 사슬뜨기 1개(기둥코), 짧은뜨기 2코 늘려뜨기 *6번 반복, 빼뜨기

    3단 : 사슬뜨기 1개(기둥코), (짧은뜨기 1개, 짧은뜨기 2코 늘려뜨기) *6번 반복, 빼뜨기

    4단 : 사슬뜨기 1개(기둥코), (짧은뜨기 2개, 짧은뜨기 2코 늘려뜨기) *6번 반복, 빼뜨기

꼬리 뜨기

2. 서술 도안과 기호 도안을 참고해 꼬리를 뜹니다.

    1단 : (노란색 실) 사슬뜨기 3개

    2단 : 사슬뜨기 3개(기둥코), 한길긴뜨기 2코 늘려뜨기, 한길긴뜨기 1개, 한길긴뜨기 3코 늘려뜨기

    3단 : 사슬뜨기 1개(기둥코), 짧은뜨기 7개

3. 돗바늘을 사용해 몸통과 꼬리를 연결합니다.

벽 뜨기

4 아래 서술 도안을 참고해 소품함의 벽을 뜹니다.
　1단 : 사슬뜨기 1개(기둥코), 몸통과 꼬리를 둘러가며 코마다 짧은뜨기, 빼뜨기
　2단 : 사슬뜨기 1개(기둥코), 코마다 한길긴뜨기, 빼뜨기
　3단 : 사슬뜨기 1개(기둥코), 코마다 짧은뜨기, 빼뜨기

자수 놓기

5 돗바늘을 사용해 갈색 실로 붕어빵의 눈과 무늬를 표현합니다.

6 매듭을 지은 후 남은 실을 가위로 정리합니다.

멜론 소다 파우치
★★★☆☆

작품 소개   따가운 햇볕이 떠오르는 여름의 맛 멜론 소다! 달콤한 멜론 소다와 위에 올려진 아이스크림은 보기만 해도 시원해요. 귀여운 색감의 멜론 소다를 떠올리며 파우치를 만들었습니다. 청량한 여름에 먹는 시원하고 달콤한 멜론 소다를 생각하며 멜론 소다 파우치를 함께 만들어보아요!

기본 정보
크기   가로 11.5cm×세로 7.5cm
바늘   모사용 코바늘 6호
기법   매직링, 사슬뜨기, 짧은뜨기, 긴뜨기, 빼뜨기
실   해피코튼 아이보리색(702), 다홍색(779), 연두색(784)

도안
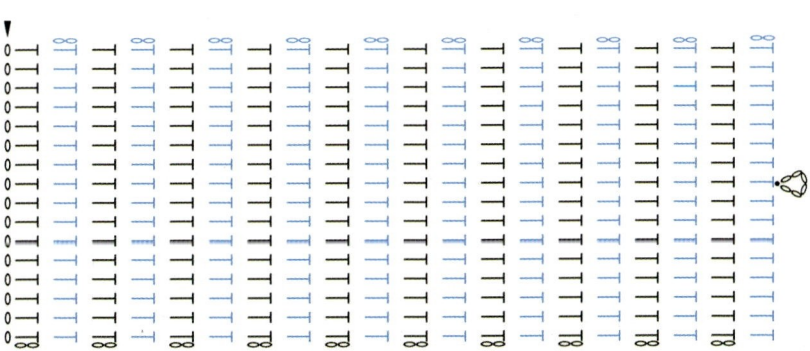

만드는 방법

바탕 뜨기

1 서술 도안과 기호 도안을 참고해 멜론 소다의 바탕을 뜹니다.

    1단 : (연두색 실) 사슬뜨기 16개, 사슬뜨기 2개(기둥코), 긴뜨기 16개

    2~16단 : 사슬뜨기 2개(기둥코), 긴뜨기 16개

    17~20단 : (아이보리색 실) 사슬뜨기 2개(기둥코), 긴뜨기 16개

    ✽ 이때 편물의 길이는 가로 11cm, 세로 17cm입니다.

2 편물의 연두색 부분을 반으로 접어줍니다.

3 돗바늘을 사용해 접은 부분의 양옆을 바느질합니다.

고리 뜨기

4 서술 도안과 기호 도안을 참고해 고리를 떠줍니다.

    1단 : (바탕의 20단 8번째 코에서 시작) 사슬뜨기 6개, 같은 코에 빼뜨기

5 돗바늘로 편물 마감 후 남은 실을 가위로 자릅니다.

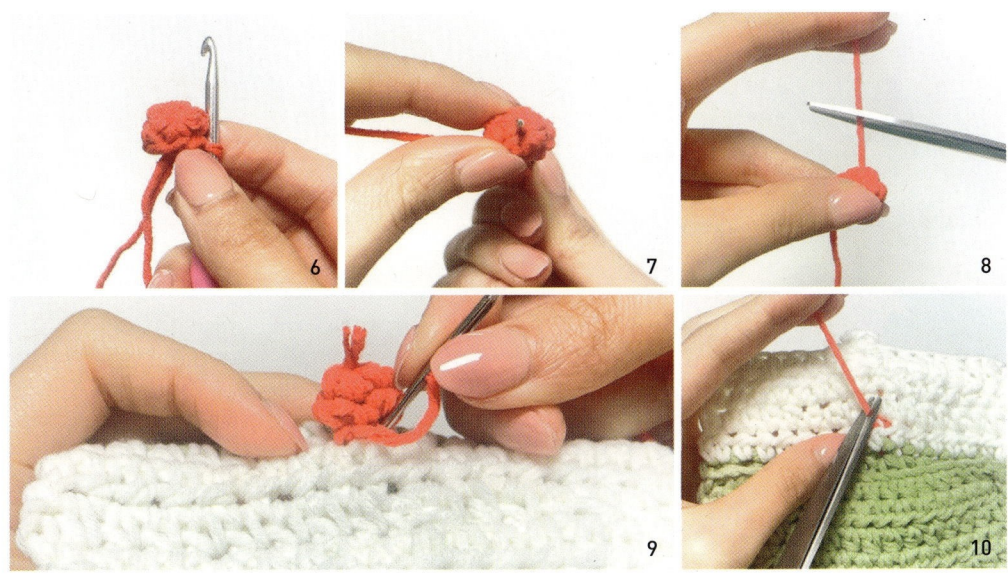

체리 뜨기

6 아래 서술 도안을 참고해 체리를 뜹니다.

   1단 : (다홍색 실) 매직링, 사슬뜨기 1개(기둥코), 짧은뜨기 5개, 빼뜨기

   2단 : 사슬뜨기 1개(기둥코), 짧은뜨기 5개, 빼뜨기

7 돗바늘을 사용해 길게 남은 꼬리실을 체리의 정중앙으로 통과시킵니다.

8 길게 남은 실을 가위로 정리합니다.

체리 연결하기

9 돗바늘을 사용해 체리를 바탕 편물에 연결합니다.

10 매듭을 지은 후 길게 남은 실을 가위로 자릅니다.

단추 달기

11 돗바늘을 사용해 단추를 바탕 편물에 연결합니다.

12 매듭을 지은 후 길게 남은 실을 가위로 자릅니다.

딸기 바구니

★★★★☆

작품 소개   일상 속 귀여움을 간직하기 위해 만든 딸기 바구니예요. 작은 머리핀, 키링 등 작고 귀여운 소품들을 잔뜩 담아두고 싶어요. 귀여운 바구니에 딸기 옷을 입히면 거기에 담긴 작은 소품들이 더 깜찍해지지 않을까요? 우리 함께 앙증맞은 딸기 바구니를 만들어보아요!

기본 정보

크기	가로 12cm×세로 10cm
바늘	모사용 코바늘 6호
기법	매직링, 사슬뜨기, 짧은뜨기, 앞이랑 짧은뜨기, 짧은뜨기 2코 늘려뜨기, 긴뜨기, 앞이랑 긴뜨기, 한길긴뜨기, 앞이랑 한길긴뜨기, 한길긴뜨기 2코 늘려뜨기, 두길긴뜨기, 두길긴뜨기 7코 늘려뜨기, 빼뜨기
실	해피코튼 빨간색(726), 연두색(753), 연노란색(762), 연하늘색(785), 포실포실 옐로우그린(29)

도안

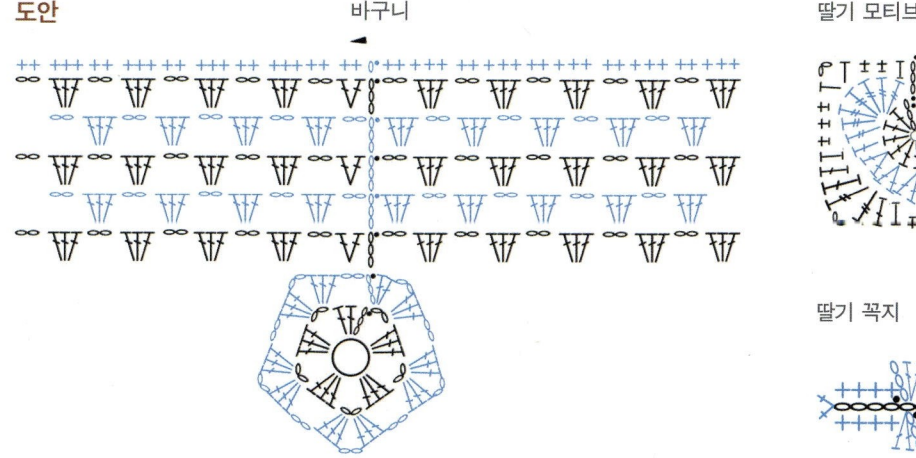

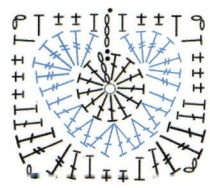

만드는 방법

바구니 뜨기

1. 서술 도안과 기호 도안을 참고해 바구니의 몸통 부분을 뜹니다.

   1단 : (연노란색 실) 매직링, 사슬뜨기 3개(기둥코), 한길긴뜨기 2코 늘려뜨기, 사슬뜨기 2개, (한길긴뜨기 3코 늘려뜨기, 사슬뜨기 2개) *4번 반복, 빼뜨기

   2단 : (연두색 실) 사슬뜨기 3개(기둥코), 사슬뜨기 2개, (한길긴뜨기 3코 늘려뜨기, 사슬뜨기 2개) *9번 반복, 한길긴뜨기 2코 늘려뜨기, 빼뜨기

   3단 : (연하늘색 실) 사슬뜨기 3개(기둥코), 한길긴뜨기 2코 늘려뜨기, 사슬뜨기 2개, (한길긴뜨기 3코 늘려뜨기, 사슬뜨기 2개) *9번 반복, 빼뜨기

   4단 : (연노란색 실) 사슬뜨기 3개(기둥코), 사슬뜨기 2개, (한길긴뜨기 3코 늘려뜨기, 사슬뜨기 2개) *8번 반복, 한길긴뜨기 3코 늘려뜨기, 빼뜨기

   5단 : (연두색 실) 사슬뜨기 3개(기둥코), 한길긴뜨기 2코 늘려뜨기, 사슬뜨기 2개, (한길긴뜨기 3코 늘려뜨기, 사슬뜨기 2개) *9번 반복, 빼뜨기

   6단 : (연하늘색 실) 사슬뜨기 3개(기둥코), 사슬뜨기 2개, (한길긴뜨기 3코 늘려뜨기, 사슬뜨기 2개) *8번 반복, 한길긴뜨기 3코 늘려뜨기, 빼뜨기

   7단 : (연노란색 실) 사슬뜨기 3개(기둥코), 한길긴뜨기 2코 늘려뜨기, 사슬뜨기 2개, (한길긴뜨기 3코 늘려뜨기, 사슬뜨기 2개) *9번 반복, 빼뜨기

   8단 : (연두색 실) 사슬뜨기 1개(기둥코), 짧은뜨기 49개, 빼뜨기

딸기 모티브 뜨기

2 서술 도안과 기호 도안을 참고해 딸기 모티브를 뜹니다.

1단 : (빨간색 실) 매직링, 사슬뜨기 3개(기둥코), 한길긴뜨기 12개, 빼뜨기

2단 : 한 코 건너뛰기, 두길긴뜨기 7코 늘려뜨기, 한길긴뜨기 1개, 한길긴뜨기 2코 늘려뜨기 *2번 반복, 한길긴뜨기 4코 늘려뜨기, 한길긴뜨기 2코 늘려뜨기 *2번 반복, 한길긴뜨기 1개, 두길긴뜨기 7코 늘려뜨기, 한 코 건너뛰기, 빼뜨기

3단 : (연노란색 실) 사슬뜨기 3개(기둥코), 앞이랑 긴뜨기 1개, 앞이랑 짧은뜨기 2개 (**모서리** 긴뜨기 1개, 사슬뜨기 2개, 긴뜨기 1개), 앞이랑 짧은뜨기 3개, 앞이랑 긴뜨기 1개, 앞이랑 한길긴뜨기 2개 (**모서리** 두길긴뜨기 1개, 사슬뜨기 2개, 두길긴뜨기 1개), 앞이랑 한길긴뜨기 1개, 앞이랑 긴뜨기 1개, 앞이랑 짧은뜨기 2개, 앞이랑 긴뜨기 1개, 앞이랑 한길긴뜨기 1개 (**모서리** 두길긴뜨기 1개, 사슬뜨기 2개, 두길긴뜨기 1개), 앞이랑 한길긴뜨기 2개, 앞이랑 긴뜨기 1개, 앞이랑 짧은뜨기 3개 (**모서리** 긴뜨기 1개, 사슬뜨기 2개, 긴뜨기 1개), 앞이랑 짧은뜨기 2개, 앞이랑 긴뜨기 1개, 빼뜨기

3 돗바늘을 사용해 바구니 몸통 중앙에 연결합니다.

4 매듭을 지은 후 남은 실을 가위로 정리합니다.

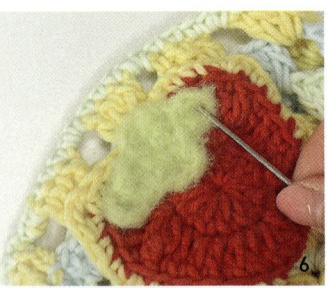

딸기 꼭지 뜨기

5 서술 도안과 기호 도안을 참고해 딸기 꼭지를 떠줍니다.

1단 : (옐로우그린 실) 사슬뜨기 9개

2단 : 사슬뜨기 1개(기둥코), 짧은뜨기 4개 (**꼭지** 한길긴뜨기 2코 늘려뜨기, 사슬뜨기 3개, 빼뜨기), 짧은뜨기 4개, 짧은뜨기 2코 늘려뜨기, 짧은뜨기 4개 (**꼭지** 한길긴뜨기 2코 늘려뜨기, 사슬뜨기 3개, 빼뜨기), 짧은뜨기 5개, 빼뜨기

6 돗바늘을 사용해 딸기 모티브와 연결합니다.

7 매듭을 지은 후 길게 남은 실을 가위로 자릅니다.

3

청량한
계절 뜨개

푸른 녹음이 짙게 깔린 여름을 좋아합니다. 매미 소리가 아련하게 들리기 때문일까요. 낡은 선풍기에서 불어오는 잔잔하고 시원한 바람을 만끽할 때면 영원히 여름에 살고 싶어집니다. 여러분의 여름은 어떤 모습인가요? 아기자기한 소품을 뜨며 시원한 계절의 청량함을 느껴보세요.

알 키링

★★☆☆☆

동그란 알 속에 뭐가 숨어 있을까요? 병아리, 참새, 타조 혹은 무서운 악어일지도 몰라요. 알 속에 새근새근 숨 쉬고 있는 생명이 힘껏 알을 깨고 나올 순간을 기대하며 함께 알 키링을 만들어보아요!

기본 정보	
크기	가로 3cm×세로 4cm
바늘	모사용 코바늘 6호
기법	매직링, 사슬뜨기, 짧은뜨기, 짧은뜨기 2코 모아뜨기, 짧은뜨기 2코 늘려뜨기, 빼뜨기
실	해피코튼 분홍색(734), 노란색(735)

도안

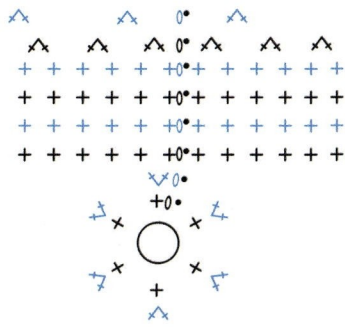

만드는 방법

1 아래 서술 도안을 참고해 알을 뜹니다.

1단 : (분홍색 실) 매직링, 사슬뜨기 1개(기둥코), 짧은뜨기 6개, 빼뜨기
2단 : 사슬뜨기 1개(기둥코), 짧은뜨기 2코 늘려뜨기 *6번 반복, 빼뜨기
3단 : (노란색 실) 사슬뜨기 1개(기둥코), 짧은뜨기 12개, 빼뜨기
4단 : (분홍색 실) 사슬뜨기 1개(기둥코), 짧은뜨기 12개, 빼뜨기
5단 : (노란색 실) 사슬뜨기 1개(기둥코), 짧은뜨기 12개, 빼뜨기
6단 : (분홍색 실) 사슬뜨기 1개(기둥코), 짧은뜨기 12개, 빼뜨기
7단 : 사슬뜨기 1개(기둥코), 짧은뜨기 2코 모아뜨기 *6번 반복, 빼뜨기
8단 : 사슬뜨기 1개(기둥코), 짧은뜨기 2코 모아뜨기 *3번 반복, 빼뜨기

2 매듭을 지은 후 남은 실을 가위로 자릅니다.

행운 부적 키링

★★☆☆

작품 소개   오늘만큼은 행운이 나에게 오기를 바라는 순간이 있죠. 행운이 나에게 오길 바라는 간절하고 소중한 마음을 담아 만든 행운 부적 키링이에요. 행운 그 자체를 상징하는 작은 클로버도 함께 만들었답니다. 우리 모두의 행운을 바라는 마음으로 행운 부적 키링을 함께 만들어보아요!

기본 정보

크기   가로 5cm×세로 5.5cm
바늘   모사용 코바늘 6호
기법   매직링, 사슬뜨기, 짧은뜨기, 짧은뜨기 3코 늘려뜨기, 긴뜨기, 한길긴뜨기, 빼뜨기
실   해피코튼 아이보리색(702), 초록색(759)

도안

부적

클로버

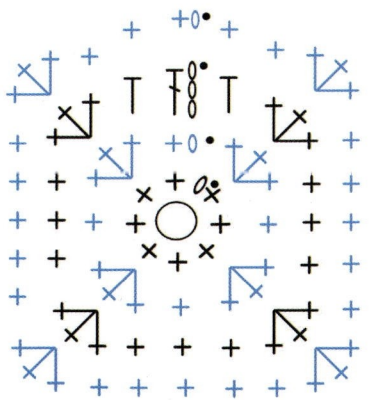

만드는 방법

부적 뜨기

1. 서술 도안과 기호 도안을 참고해 부적의 바탕 부분을 뜹니다.

   1단 : (아이보리색 실) 매직링, 사슬뜨기 1개(기둥코), 짧은뜨기 8개, 빼뜨기

   2단 : 사슬뜨기 1개(기둥코), (짧은뜨기 1개, 짧은뜨기 3코 늘려뜨기) *4번 반복, 빼뜨기

   3단 : 사슬뜨기 3개(기둥코), 한길긴뜨기 1개, 긴뜨기 1개, (짧은뜨기 3코 늘려뜨기, 짧은뜨기 3개) *3번 반복, 짧은뜨기 3코 늘려뜨기, 긴뜨기 1개, 빼뜨기

   4단 : (초록색 실) 사슬뜨기 1개(기둥코), 짧은뜨기 3개, 짧은뜨기 3코 늘려뜨기, (짧은뜨기 5개, 짧은뜨기 3코 늘려뜨기) *3번 반복, 짧은뜨기 2개, 빼뜨기

클로버 뜨기

2. 서술 도안과 기호 도안을 참고해 클로버를 뜹니다.

   1단 : (초록색 실) 매직링, (사슬뜨기 3개, 매직링 안으로 빼뜨기) *4번 반복

3. 매듭을 지은 후 실을 10cm 정도 남기고 가위로 자릅니다.

클로버 연결하기

4   돗바늘을 사용해 클로버를 부적에 연결한 후 매듭을 짓고 남은 실을 가위로 자릅니다.

리본 장식하기

5   돗바늘을 사용해 초록색 실을 클로버 윗부분에 통과시킵니다.

6   실을 한 번 묶은 후 리본을 만들어줍니다.

7   남은 실을 가위로 정리합니다.

조개 키링

★★☆☆☆

'조개껍데기는 녹슬지 않는다'는 속담을 들어보셨나요? 착한 사람은 주위의 악함에 물들지 않는다는 뜻의 속담이라고 해요. 세상을 살아가기 위해 때론 선함보다 악함이 필요하다는 생각이 들 때마다 저는 이 속담을 되새깁니다. 선하고 다정한 마음이 가장 강하다는 뜻을 담아 만든 키링입니다.

기본 정보	크기	가로 4.5cm×세로 4cm
	바늘	모사용 코바늘 6호
	기법	사슬뜨기, 짧은뜨기, 앞이랑 짧은뜨기, 뒤이랑 짧은뜨기, 한길긴뜨기, 앞이랑 한길긴뜨기, 뒤이랑 한길긴뜨기
	실	해피코튼 흰색(701), 연하늘색(785)

도안

만드는 방법

조개 뜨기

1 서술 도안과 기호 도안을 참고해 조개를 뜹니다.

1단 : (연하늘색 실) 사슬뜨기 5개, 사슬뜨기 3개(기둥코), 한길긴뜨기 3개, 짧은뜨기 2개

2단 : 사슬뜨기 1개(기둥코), 앞이랑 짧은뜨기 2개, 앞이랑 한길긴뜨기 3개

3단 : 사슬뜨기 3개(기둥코), 뒤이랑 한길긴뜨기 3개, 뒤이랑 짧은뜨기 2개

4~5단 : 사슬뜨기 1개(기둥코), 짧은뜨기 3개

무늬 자수 놓기

2 돗바늘을 사용해 흰색 실로 조개 무늬를 표현합니다.

3 매듭을 지은 후 남은 실을 가위로 자릅니다.

날씨 인형 키링

★★☆☆☆

작품 소개
소풍 가기 전날 비가 오지 않기를 바라며 날씨 인형을 만들던 기억이 있어요. 창문가에 날씨 인형을 달아두면 내리던 비가 그친다고 해요. 인형을 달아둔 뒤 비가 그쳤다면 그건 비가 그치길 바라는 우리의 간절한 마음 때문이 아닐까요? 여러분의 마음에도 맑은 날이 오길 바라며 만든 날씨 인형 키링, 함께 만들어보아요!

기본 정보
크기   가로 4cm×세로 6.5cm
바늘   모사용 코바늘 6호
기법   매직링, 사슬뜨기, 짧은뜨기, 짧은뜨기 2코 늘려뜨기, 빼뜨기
실   해피코튼 아이보리색(702), 검은색(742), 다홍색(779)

도안

머리

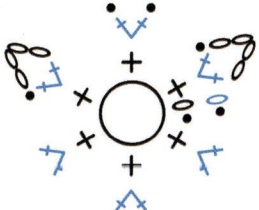

몸통

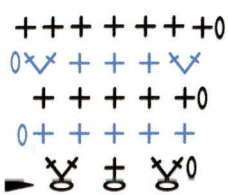

만드는 방법

머리 뜨기

1. 서술 도안과 기호 도안을 참고해 머리를 뜹니다.

   1단 : (아이보리색 실) 매직링, 사슬뜨기 1개(기둥코), 짧은뜨기 6개, 빼뜨기

   2단 : 사슬뜨기 1개(기둥코), 짧은뜨기 2코 늘려뜨기 *6번 반복, 빼뜨기

   3단 : 사슬뜨기 4개, 옆 코에 빼뜨기, 빼뜨기 2개, 사슬뜨기 4개, 옆 코에 빼뜨기

몸통 뜨기

2. 서술 도안과 기호 도안을 참고해 몸통을 뜹니다.

   1단 : 사슬뜨기 3개, 사슬뜨기 1개(기둥코), 짧은뜨기 2코 늘려뜨기, 짧은뜨기 1개, 짧은뜨기 2코 늘려뜨기

   2~3단 : 사슬뜨기 1개(기둥코), 짧은뜨기 5개

   4단 : 사슬뜨기 1개(기둥코), 짧은뜨기 2코 늘려뜨기, 짧은뜨기 3개, 짧은뜨기 2코 늘려뜨기

   5단 : 사슬뜨기 1개(기둥코), 짧은뜨기 7개

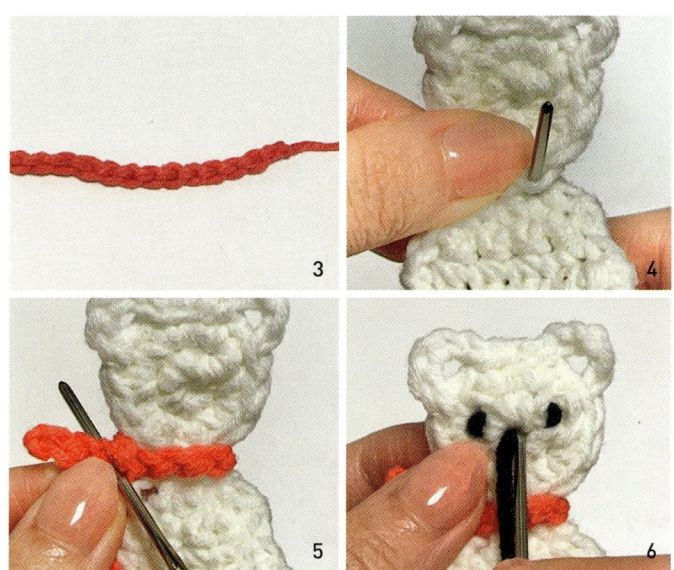

목도리 뜨기

3 다홍색 실로 사슬뜨기 15개를 떠 목도리를 만든 후 실을 15cm 정도 남기고 가위로 자릅니다.

머리와 몸통 연결하기

4 돗바늘을 사용해 인형의 머리와 몸통을 연결한 후 매듭을 짓고 남은 실을 가위로 자릅니다

목도리 연결하기

5 돗바늘을 사용해 목도리를 인형에 연결한 후 매듭을 짓고 실을 가위로 정리합니다.

눈과 코 모양 자수 놓기

6 검은색 실로 인형의 눈과 코를 표현하고 남은 실은 매듭을 지어 가위로 정리합니다.

후우링 키링

★★☆☆

작품 소개   일본에서 후우링으로 불리는 풍령은 처마 끝에 다는 작은 종으로, 창문이나 현관문에 달곤 합니다. 어릴 적 제가 본 일본 애니메이션 속 여름에는 늘 후우링이 있었습니다. 일본에서는 청아한 후우링의 소리를 들으며 바람의 기운을 느낀다고 해요. 보이지 않는 바람이 소리로 들리기만 해도 푹푹 찌는 여름이 조금은 시원하게 느껴지곤 하죠. 함께 후우링을 만들며 시원한 여름을 보내보아요!

기본 정보
- 크기   가로 4.5cm×세로 10cm
- 바늘   모사용 코바늘 6호
- 기법   매직링, 사슬뜨기, 짧은뜨기, 짧은뜨기 2코 모아뜨기, 짧은뜨기 2코 늘려뜨기, 빼뜨기
- 실   해피코튼 흰색(701), 연하늘색(785)

도안

장식

```
0+ +
 + +0
0+ +
 + +0
▶ ○ ○
```

만드는 방법

후우링 뜨기

1 아래 서술 도안을 참고해 후우링을 뜹니다.

1단 : (흰색 실) 매직링, 사슬뜨기 1개(기둥코), 짧은뜨기 5개, 빼뜨기

2단 : 사슬뜨기 1개(기둥코), 짧은뜨기 2코 늘려뜨기 *5번 반복, 빼뜨기

3단 : 사슬뜨기 1개(기둥코), (짧은뜨기 1개, 짧은뜨기 2코 늘려뜨기) *5번 반복, 빼뜨기

4~6단 : 사슬뜨기 1개(기둥코), 짧은뜨기 15개, 빼뜨기

7단 : 사슬뜨기 1개(기둥코), (짧은뜨기 1개, 짧은뜨기 2코 모아뜨기) *5번 반복, 빼뜨기

장식 뜨기

2 서술 도안과 기호 도안을 참고해 후우링 장식을 뜹니다.

1단 : (연하늘색 실) 사슬뜨기 2개

2~4단 : 사슬뜨기 1개(기둥코), 짧은뜨기 2개

5단 : (흰색 실) 사슬뜨기 1개(기둥코), 짧은뜨기 2개

연결하기

3 돗바늘을 사용해 10cm 정도의 흰색 실로 후우링과 장식을 연결합니다.

4 후우링 정중앙에 실을 통과시킵니다.

5 옆쪽으로 돗바늘을 통과시켜 고리 모양을 만들고 편물 사이로 실을 정리합니다.

6 적당한 크기의 고리가 만들어지면 매듭을 짓고 길게 남은 실을 가위로 자릅니다.

별 모양 자수 놓기

7 돗바늘을 사용해 연하늘색 실로 별 모양을 표현합니다.

8 실이 풀리지 않도록 단단하게 매듭을 지은 후 가위로 남은 실을 자릅니다.

물컵 티코스터

★★★☆☆

작품 소개   투명한 컵에 물을 담아 마실 때면 컵 아래 바닥이 가장 먼저 보입니다. 투명한 바닥 너머 보이는 흐릿한 세상은 왠지 색다른 느낌을 주기도 하죠. 물컵 티코스터와 함께라면 물을 마실 때마다 나를 응원하는 귀여운 물컵의 모습을 볼 수 있어요! 계속 보고 싶어서 물을 더 자주 마시게 되는 귀여운 물컵 티코스터를 함께 만들어보아요.

기본 정보
- 크기   가로 10cm×세로 10cm
- 바늘   모사용 코바늘 6호
- 기법   매직링, 사슬뜨기, 짧은뜨기, 짧은뜨기 2코 늘려뜨기, 한길긴뜨기, 한길긴뜨기 2코 늘려뜨기, 빼뜨기
- 실   해피코튼 아이보리색(702), 검은색(742), 연노란색(762), 연하늘색(785)

도안

배경

물컵

물방울

1

만드는 방법

배경 뜨기

1 서술 도안과 기호 도안을 참고해 티코스터의 배경을 뜹니다.

1단 : (연노란색 실) 매직링, 사슬뜨기 3개(기둥코), 한길긴뜨기 2개, 사슬뜨기 3개, (한길긴뜨기 3개, 사슬뜨기 3개) *3번 반복, 빼뜨기

2단 : 사슬뜨기 3개(기둥코), 한길긴뜨기 2개, 고리 한길긴뜨기 2코 늘려뜨기, 사슬뜨기 3개, 고리 한길긴뜨기 2코 늘려뜨기, (한길긴뜨기 3개, 고리 한길긴뜨기 2코 늘려뜨기, 사슬뜨기 3개, 고리 한길긴뜨기 2코 늘려뜨기) *3번 반복, 빼뜨기

3단 : 사슬뜨기 3개(기둥코), 한길긴뜨기 4개, 고리 한길긴뜨기 2코 늘려뜨기, 사슬뜨기 3개, 고리 한길긴뜨기 2코 늘려뜨기, (한길긴뜨기 7개, 고리 한길긴뜨기 2코 늘려뜨기, 사슬뜨기 3개, 고리 한길긴뜨기 2코 늘려뜨기) *3번 반복, 한길긴뜨기 2개, 빼뜨기

4단 : (연하늘색 실) 사슬뜨기 1개(기둥코), 짧은뜨기 6개, 고리 짧은뜨기 2코 늘려뜨기, 사슬뜨기 2개, 고리 짧은뜨기 2코 늘려뜨기, (짧은뜨기 11개, 고리 짧은뜨기 2코 늘려뜨기, 사슬뜨기 2개, 고리 짧은뜨기 2코 늘려뜨기) *3번 반복, 짧은뜨기 4개, 빼뜨기

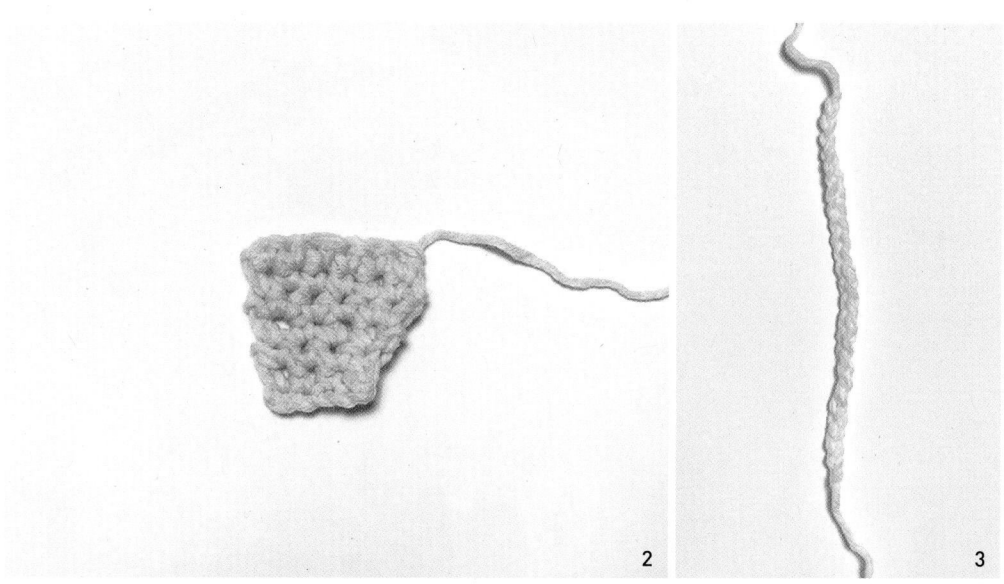

물컵 뜨기

2 서술 도안과 기호 도안을 참고해 물컵을 뜹니다.

1단 : (연하늘색 실) 사슬뜨기 4개, 사슬뜨기 1개(기둥코), 짧은뜨기 4개

2~3단 : 사슬뜨기 1개(기둥코), 짧은뜨기 4개

4단 : 사슬뜨기 1개(기둥코), 짧은뜨기 2코 늘려뜨기, 짧은뜨기 2개, 짧은뜨기 2코 늘려뜨기

5~6단 : 사슬뜨기 1개(기둥코), 짧은뜨기 6개

물컵 테두리 뜨기

3 아이보리색 실로 사슬뜨기 24개를 떠 물컵 테두리를 만듭니다.

물방울 뜨기

4. 서술 도안과 기호 도안을 참고해 물방울을 뜹니다.

   1단 : (연하늘색 실) 매직링, 사슬뜨기 1개(기둥코), 짧은뜨기 5개, 빼뜨기

   2단 : 사슬뜨기 4개, 두 번째 코에 빼뜨기

연결하기

5. 돗바늘을 사용해 배경과 물컵을 연결합니다.

6. 돗바늘로 오른쪽부터 사슬 3코 / 7코 / 4코 / 7코 / 3코 순으로 테두리와 물컵을 연결합니다.

7. 돗바늘을 사용해 배경과 물방울을 연결합니다.

8. 검은색 실로 물컵의 표정을 표현합니다.

파도 티코스터

★★★★☆

작품 소개   우리 모두의 마음속에는 감정이라는 이름의 파도가 있어요. 어떤 날엔 무기력에 뒤덮여 허우적거리기도 하고, 불안으로 휘청거리기도 해요. 하지만 파도에 휩쓸리지 않기 위해서는 솟구치는 파도에 온몸을 맡기는 용기가 필요하다는 것을 이제는 압니다. 바다를 유영하는 자유로운 모습을 떠올리며 파도 티코스터를 만들어보아요!

기본 정보
크기 　가로 10cm×세로 8cm
바늘 　모사용 코바늘 6호
기법 　사슬뜨기, 짧은뜨기, 짧은뜨기 3코 늘려뜨기, 긴뜨기, 한길긴뜨기, 두길긴뜨기, 빼뜨기
실 　해피코튼 흰색(701), 갈색(711), 연갈색(730), 파란색(737), 초록색(759), 연하늘색(785)

도안

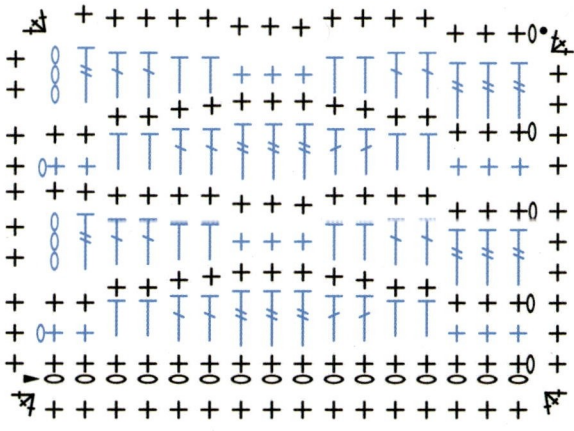

만드는 방법

파도 뜨기

1 서술 도안과 기호 도안을 참고해 파도를 뜹니다.

1단 : (파란색 실) 사슬뜨기 16개, 사슬뜨기 1개(기둥코), 짧은뜨기 16개

2단 : 사슬뜨기 1개(기둥코), 짧은뜨기 2개, 긴뜨기 2개, 한길긴뜨기 2개, 두길긴뜨기 3개, 한길긴뜨기 2개, 긴뜨기 2개, 짧은뜨기 3개

3단 : (흰색 실) 사슬뜨기 1개(기둥코), 짧은뜨기 16개

4단 : (연하늘색 실) 사슬뜨기 3개(기둥코), 두길긴뜨기 1개, 한길긴뜨기 2개, 긴뜨기 2개, 짧은뜨기 3개, 긴뜨기 2개, 한길긴뜨기 2개, 두길긴뜨기 3개

5단 : (흰색 실) 사슬뜨기 1개(기둥코), 짧은뜨기 16개

6단 : (파란색 실) 사슬뜨기 1개(기둥코), 짧은뜨기 2개, 긴뜨기 2개, 한길긴뜨기 2개, 두길긴뜨기 3개, 한길긴뜨기 2개, 긴뜨기 2개, 짧은뜨기 3개

7단 : (흰색 실) 사슬뜨기 1개(기둥코), 짧은뜨기 16개

8단 : (연갈색 실) 사슬뜨기 3개(기둥코), 두길긴뜨기 1개, 한길긴뜨기 2개, 긴뜨기 2개, 짧은뜨기 3개, 긴뜨기 2개, 한길긴뜨기 2개, 두길긴뜨기 3개

9단 : (갈색 실) 사슬뜨기 1개(기둥코), 짧은뜨기 15개, 짧은뜨기 3코 늘려뜨기, 짧은뜨기 10개, 짧은뜨기 3코 늘려뜨기, 짧은뜨기 16개, 짧은뜨기 3코 늘려뜨기, 짧은뜨기 10개, 짧은뜨기 3코 늘려뜨기, 빼뜨기

거북이 자수 놓기

2 초록색 실로 원형의 거북이 등딱지를 표현하고 연갈색 실로 동그란 머리와 뾰족한 손발을 표현합니다.

3 매듭을 지은 후 길게 남은 실을 가위로 자릅니다.